De clasificaciones y categorizaciones: Los objetos de metal del valle de Ambato, Catamarca, Argentina (600-1200 d.C.)

South American Archaeology Series
Edited by Andrés D. Izeta
No. 8

De clasificaciones y categorizaciones: Los objetos de metal del valle de Ambato, Catamarca, Argentina (600-1200 d.C.)

Guillermina Espósito

BAR International Series 2014
2009

Published in 2016 by
BAR Publishing, Oxford

BAR International Series 2014

South American Archaeology Series, No. 8
*De clasificaciones y categorizaciones: Los objetos de metal del valle de Ambato,
Catamarca, Argentina (600–1200 d.C.)*

Edited by Andrés D. Izeta

ISBN 9781407304649 paperback
ISBN 9781407335407 e-format
DOI https://doi.org/10.30861/9781407304649
A catalogue record for this book is available from the British Library

BAR Publishing is the trading name of British Archaeological Reports (Oxford) Ltd.
British Archaeological Reports was first incorporated in 1974 to publish the BAR
Series, International and British. In 1992 Hadrian Books Ltd became part of the BAR
group. This volume was originally published by John and Erica Hedges Ltd. in
conjunction with British Archaeological Reports (Oxford) Ltd / Hadrian Books Ltd,
the Series principal publisher, in 2009. This present volume is published by BAR
Publishing, 2016.

BAR
PUBLISHING

BAR titles are available from:

BAR Publishing
122 Banbury Rd, Oxford, OX2 7BP, UK
EMAIL   info@barpublishing.com
PHONE +44 (0)1865 310431
FAX   +44 (0)1865 316916
www.barpublishing.com

Andrés D. Izeta
Series Editor, South American Archaeology Series
British Archaeological Reports International Series

El registro arqueológico de Sudamérica es de una muy alta diversidad. Esto se refleja no sólo en las diversas profundidades temporales de la exploración, colonización y ocupación de los más variados ecosistemas, sino también en la complejidad social alcanzada en diversos puntos del subcontinente.

Por ello es un grato placer la apertura de un espacio dentro de la serie internacional de British Archaeological Reports International Series (BAR) dedicada exclusivamente a la arqueología de Sudamérica. Esta serie, denominada South American Archaeology Series (SAmArSeries), tratará de integrar aquellos trabajos individuales o colectivos dentro un marco que permita mostrar las diferentes líneas de investigación que se están llevando a cabo en esta parte del mundo.

Un breve análisis de los libros publicados por BAR hasta Septiembre de 2007 da cuenta de un total de 45 títulos dedicados a la arqueología de Sudamérica. De ellos, 17 corresponden a autores sudamericanos. En cuanto a las tendencias temporales hemos observado que de los 17 títulos de autores locales al menos 10 se han publicado en los últimos tres años y corresponden a tesis de grado y de postgrado. Si bien la tendencia indica que los arqueólogos de la Argentina son los que mayormente se han sumado a esta iniciativa, la intención a través de esta propuesta, es tratar de integrar trabajos de todos los países que componen Sudamérica. Esta situación ha sido la base para plantear este nuevo ámbito en el cual el público internacional pueda tener acceso a una arqueología, que si bien no tiene nada que envidiar a la que se realiza en otras partes del planeta, esta siendo escasamente representada en cantidad de libros de carácter internacional publicados. Esto es especialmente importante cuando los medios tradicionales (más locales) de difusión de nuestra disciplina no poseen aun un elevado impacto dentro de los colegas no sudamericanos. Por ello, creemos que esta es una gran oportunidad para poder lograr una mayor visibilidad de nuestros resultados y de nuestro trabajo en general con el cual podamos aportar a la construcción de una disciplina que integre nuestra visión desde Sudamérica. Asimismo permitirá canalizar los intentos individuales que se han venido realizando en los últimos años.

BAR International Series South American Archaeology Series tiene la intención de publicar trabajos inéditos del área y que pueden incluir reportes de excavación, actas de Congresos, Jornadas, Simposios y los resultados de Tesis de grado o de Post-grado. Si bien los editores de BAR no imponen como requisito la evaluación de los trabajos, la presentación de un trabajo en las SAmArSeries implica la aceptación del envío del trabajo individual o colectivo a evaluar por pares externos. Esto significa que la SAmArSeries intenta ser un espacio editorial con referato con el fin de mantener una calidad mínima de los trabajos.
Por ultimo, aquellos que deseen conocer mas acerca de la serie o que estén interesados en publicar deben contactar al Series Editor, quien mediara con el editor John Hedges, uno de los editores de BAR, en Oxford, Reino Unido. Las temáticas a incluirse pueden ser diversas pero deben ser apropiadas y de un estándar académico correcto (en algunos casos puede solicitarse a los autores el envío de un *curriculum vitae* con el fin de anexarlos a la evaluación del trabajo). El *Series Editor* se compromete a dar asistencia en aspectos técnicos del formato de las presentaciones y puede colaborar en la edición final del libro, si es necesario.

Dr. Andrés D. Izeta
Series Editor - South American Archaeology Series
British Archaeological Reports International Series
CONICET – Museo de Antropología
FFyH - Universidad Nacional de Córdoba
Av. Hipólito Yrigoyen 174, 5000, Córdoba, Argentina
e-mail : androx71@gmail.com

Andrés D. Izeta
Series Editor, South American Archaeology Series
British Archaeological Reports International Series

The South American archaeological record is highly diverse and reflects the many different periods of exploration, colonization and effective occupation of numerous diverse ecosystems. Social complexity is also heterogeneous throughout the whole occupation history and regions. Given this situation, it is most welcome that British Archaeological Reports has created a series dedicated exclusively to the archaeology of this vast sub continent within its International Series. In the South American Archaeology Series (SAmArSeries) an attempt will be made to integrate individual and collective works within a framework that will exhibit the different perspectives used in this part of the world.

A look at the BAR catalogue (where there are in excess of 2000 titles) shows that relatively few titles are available on South American archaeology. Of a total of 45 books available until September 2007, only 17 were by South American researchers, and 10 published in the last 3 years. This representation contrasts with a situation where an increasing number of South American researchers are looking to publish their work in just such an international forum. Although, by circumstance, the SAmArSeries is starting with the work of Argentinean authors, it is very much intended for all South American researchers.

The commencement of the SAmArSeries within BAR gives us an opportunity to construct a new space where the international audience can look for information on any topic of South American archaeology. This is important because traditional, more local places of publication are often not available to non South American researchers. With SAmArSeries a great opportunity arises for heightening the academic visibility of the investigations made by what is a very active archaeological community.

The South American Archaeology Series of BAR is intended for publishing original work which may include excavation reports, museum catalogues, the proceedings of meetings, symposia and workshops, academic pieces of research, and doctoral theses

Those wishing to submit books for inclusion in the SAmArSeries should contact the Series Editor, who will mediate with John Hedges, one of the BAR Editors and publishers of BAR, in Oxford, UK. The subject has to be appropriate and of the correct academic standard (*curriculum vitae* may be requested and books may be referred); instructions for formatting will be given, as necessary.

Dr. Andrés D. Izeta
Series Editor - South American Archaeology Series
British Archaeological Reports International Series
CONICET – Museo de Antropología
FFyH - Universidad Nacional de Córdoba
Av. Hipólito Yrigoyen 174, 5000, Córdoba, Argentina
e-mail : androx71@gmail.com

A mis viejos Alejandra y Julio, por su apoyo y amor incondicionales.

Agradecimientos

Muchas son las personas que de diversas maneras contribuyeron a que esta tesis pueda ser realizada. En primer lugar mi director, Andrés Laguens, quien no sólo guió con una cálida y aguda exigencia el desarrollo de mi trabajo, sino que además, junto con Mirta Bonnin, propicia en el Museo de Antropología de Córdoba un ambiente de trabajo y amistad en el cual el estímulo, el respeto y la participación constantes hacen del trabajo cotidiano una excelente excusa para seguir adelante. Va para los dos mi profundo reconocimiento y agradecimiento. Muchas gracias también a mi co-directora y profesora Ana María Rocchietti por haber participado a la distancia de este proyecto y haber logrado inspirarme muchas veces desde su pasión por la Arqueología. Mónica Valentini resolvió eficazmente las adversidades administrativas que surgieron en Rosario, por lo cual le estoy inmensamente agradecida. Pepe Pérez Gollán no sólo me envió generosamente desde Buenos Aires parte de la bibliografía utilizada en esta tesis, sino que también me contagió su profundo interés por la metalurgia andina y me inspiró hondamente oyéndolo relatar sus vivencias en el Ambato. En este mismo sentido agradezco a Sofía Juez y Susana Assandri las largas charlas a través de las cuales pude no sólo conocer más, sino también, y fundamentalmente, acercarme afectivamente al Proyecto Ambato. Bernarda Marconetto me prestó bibliografía, sacó las fotos de microscopio, me enseñó a hacerlo, y me estimuló constantemente desde su profunda generosidad, contagiándome su buena onda y haciendo que viajar al Museo todos los días se transforme en un buen pretexto para encontrarse con ella. Pepe Hierling también me acercó bibliografía y además, trabajó arduamente para retirar y volver a colocar los objetos de metal que estaban expuestos en las vitrinas del museo para su análisis. Gracias a las instrucciones de Darío Quiroga pude manipular los objetos de metal de tal modo que los análisis no los afectasen más allá de lo inevitable. Pablo Becerra sacó generosamente las fotografías de gran parte de los objetos de metal. Mariana Fabra, Soledad Ochoa, Mariana Caro y Francisco Pazzarelli me ayudaron en las muchas cosas que surgieron a lo largo de esta tesis, brindándome su cooperación y excelente predisposición. Liliana Nosei y Adrián Pifferetti realizaron los análisis metalográficos y el informe de los mismos, facilitando ampliamente la tarea. Adrián Pifferetti en particular, me ayudó a «traducir» en términos arqueológicos el lenguaje «duro» del informe técnico y me brindó indicaciones y sugerencias que me despejaron errores y muchas dudas. Inés Gordillo recurrió prontamente a todos los pedidos que le hice de bibliografía sobre el sitio Iglesia de los Indios. Gabriela Granizo y Marcos Quesada me aportaron bibliografía y su amistad. A través de las personas de Ludmila Catela y Gustavo Sorá quiero agradecer a la gente del Núcleo de Cultura y Política del museo por haberme abierto las puertas tan cálidamente Mariana Gerbotto y Virginia Prádanos hicieron de mi vida universitaria en Rosario una etapa que siempre recordaré como aquella en la cual, simplemente, las conocí. Ellas no sólo me alojaron cada vez que viajé allí, sino que me hicieron y me hacen experimentar las relaciones de amistad como aquellas de las más importantes de mi vida. A ellas se suman, además, mis queridos Ariel, Toti, Laura, Edu, Vero S., Olgui, Nora, Gigi,

Tata, Romi, Flor, Claudito, Quique, Carina y Leandro. Los Gastaldi, todos ellos, me incorporaron a su familia haciéndome sentir una hija, una hermana y una nieta más, ocupando cada uno de ellos un lugar muy importante en mi vida. Mi abuela Pochocha también siempre estuvo ahí. Mis hermanos Lucía y Nicolás hacen de muchos momentos de mi vida un refugio amoroso y divertido, gracias por su hermosa locura y por regalarme a Lucas, Mercedes y mi amado Bautista. Hay una persona fundamental en esta historia, Marcos Gastaldi. Él hace que todos los reconocimientos anteriores tengan sentido, en tanto es él quien le da fundamental sentido a mi vida. Su participación en el desarrollo de esta tesis se dio a través de charlas, críticas y numerosas sugerencias, pero también y principalmente a través de su inconmensurable «aguante», estímulo constante e inmenso amor. Finalmente, esta tesis va dedicada a mis viejos Alejandra y Julio, sin cuyo incondicional apoyo y amor nada de lo que hay en mi vida sería tan bueno.

Todo lo provechoso que de esta tesis pudiese surgir, a ellos. El resto, de mi exclusiva responsabilidad.

Indice General

INTRODUCCION

Al respecto de la configuración social que comienza a desarrollarse a partir del 600 d.C. en el Noroeste Argentino, los diferentes investigadores que ahondaron en el tema han acordado en caracterizarla como un momento de integración social y política, en donde se instauran relaciones sociales de desigualdad abrigadas por la ideología de «La Aguada», de carácter eminentemente religioso (A. R. González 1961- 1964; A. R. González y Pérez 1976). El cambio hacia el nuevo estilo de vida, fue caracterizado por «...una intensificación de la economía y la acumulación de excedente, con un crecimiento marcado de la población, diversificación de los roles sociales, especialización artesanal y desigualdades sociales y políticas» (Laguens 2003: 2). En estas sociedades, el excedente social permitió la dedicación de medio tiempo o tiempo completo a los artesanos abocados a la producción de determinados objetos, entre los que se destacaron aquellos elaborados en cerámica (Fabra 2002; Laguens y Juez 2001). La integración –con sus diferentes manifestaciones regionales- de las sociedades andinas de la época por la ideología de la Aguada, supuso la producción, uso y circulación de determinados bienes «suntuarios», que oficiaron de legitimadores de los estamentos de dominación, entre los que los objetos elaborados en metal se esgrimen como uno de los que más conspicuamente ejecutaron esta intención legitimadora (L. R. González 2004).

La convención académica acerca del rol simbólico jugado por los bienes de metal en los procesos de integración de unidades socio-políticas con una desigualdad social ya institucionalizada hacia la segunda mitad del primer milenio de la era en el noroeste argentino, impidió una caracterización del rol jugado por los diversos objetos de metal en los también diversos contextos en los que fueron encontrados. En este sentido, creemos que la tradicional caracterización de los objetos elaborados en metal, en «suntuarios» y «utilitarios» responde a una forma arbitraria y naturalizada de clasificación, sustentada en tipos ideales creados a priori, que impiden la posibilidad de pensar a los objetos sobre los cuales se imponen estas clasificaciones, en el marco de su situacionalidad histórica y social, en la que, junto a las personas con las que interactúan cotidianamente, intervienen activamente en la producción y reproducción de las relaciones sociales. En este sentido, esta tesis se propone como objetivo comprender el papel que jugaron los objetos de metal en los diversos contextos en los que intervinieron, dentro de una sociedad caracterizada por la desigualdad social, la de Aguada en el Valle de Ambato.

Para cumplir nuestro propósito comenzamos en el Capítulo 1 con un repaso de cómo se ha caracterizado tradicionalmente a los objetos de metal en el marco de las investigaciones sobre la metalurgia andina prehispánica, desarrollo en torno al cual construimos nuestro problema de investigación y justificamos nuestro caso de estudio. En el Capítulo 2 abordamos una crítica de las bases teóricas sobre las cuales tradicionalmente se ha clasificado a los objetos arqueológicos de metal, para pasar luego al enfoque teórico-metodológico propuesto para el abordaje de nuestro problema de investigación. En el Capítulo 3 realizamos una caracterización ambiental en función de la integración del Valle de Ambato al área de recursos combustibles y de localización de las fuentes de materias primas minerales involucrados en la lógica productiva metalúrgica, y presentamos el estado del conocimiento sobre Ambato y la cronología del valle. En el Capítulo 4 abordamos las técnicas a través de las cuales obtuvimos y procesamos los datos en el campo y en el laboratorio. La descripción y caracterización de cada uno de los objetos del conjunto de 30 piezas de metal provenientes del Valle de Ambato, las desarrollamos en el Capítulo 5, en el marco del análisis de los contextos prácticos en los cuales intervinieron, dentro de cada uno de los sitios excavados. Finalmente, en el Capítulo 6 caracterizamos las dimensiones productivas, descriptivas y funcionales de los objetos, para luego profundizar el análisis de los contextos de interacción en los que intervinieron los objetos de metal en el Valle de Ambato en el marco de las múltiples escalas que implicaron, arribando a una caracterización histórica de los mismos.

CAPÍTULO 1: DESARROLLO DEL TEMA Y ESTADO DE LA CUESTIÓN

En el marco del creciente proceso de diferenciación social planteado para el primer milenio de la era en el Noroeste Argentino, desde la arqueología se ha desarrollado una gran cantidad de estudios tendientes a comprender de qué manera y bajo qué circunstancias esta emergente configuración social se llevó a cabo (A. R. González 1955; 1961- 64, 1979, 1998; Laguens 2001, 2003; Núñez Regueiro 1974; 1998; Pérez Gollán 1991, 1994; Pérez Gollán y Heredia 1990; Tarragó 1992). En este contexto, el análisis de la metalurgia del período adquirió particular relevancia, dado el papel otorgado a los objetos de metal ya terminados y a los procedimientos técnicos implicados en la confección de los mismos.

A los objetos metálicos les fue concedido el papel de portar mensajes de poder y status social (Lechtman 1988), reificados como entidades materiales comunicadoras del poder del estamento jerárquico de las sociedades del período (Cabanillas et al. 2002; A. R. González 1992; L. R. González 1997; Pollard 1981). La noción de la metalurgia como una tecnología compleja[1], fue uno de los criterios principales empleados para caracterizar, a la vez que comprobar, la complejidad de las sociedades del período, productoras de excedentes que permitían la dedicación de medio tiempo o tiempo completo a los artesanos abocados a dicha producción[2] (L. R. González 1992). Ambos, los objetos de metal y la tecnología especializada que los hizo posibles, se transformaron en un tema de profundo interés para la arqueología andina, vinculado a los estamentos de mayor poder de las sociedades y a su ideología concomitante.

Con respecto a los objetos de metal, tradicionalmente se ha partido de la clasificación de los mismos en "utilitarios" y "no utilitarios, suntuarios y/o simbólicos". Esta clasificación se nutrió de la comprensión de que la metalurgia de las sociedades andinas respondió a las necesidades exhibicionistas y legitimadoras de la ideología dominante, supuesto a partir del cual la metalurgia se particularizó como una "tecnología del poder" (Lechtman 1988). Esta situación privilegió el estudio de aquellos objetos que se consideraron suntuarios o simbólicos – en mayor medida placas, discos, y en menor grado algunos tipos de hachas, campanas, y brazaletes, anillos, pendientes y demás objetos ornamentales-, los que -a partir de la gran inversión de energía puesta en su elaboración, y por el hecho de haber sido confeccionados por dedicados especialistas-

---

1 Se ha definido a las tecnologías complejas a partir de las relaciones que se establecen entre los artesanos con sus oficios y de aquellos entre sí. Estas tecnologías suponen un conocimiento más especializado, un trabajo más diestro, tareas más estructuradas y una relación social dependiente entre artesanos para producir bienes terminados (Hagstrum 1992).

2 Recuérdese el trabajo precursor de V. Gordon Childe (1954), donde postula la forzosa existencia de economías totalitarias para generar y mantener una industria metalúrgica. Para una lectura pormenorizada de las principales posturas en torno a la relación entre el surgimiento de las jefaturas y la economía basada en la redistribución, referirse a los trabajos de Fried (1960) y Service (1975).

reflejaban en forma de prestigio la ideología de los estamentos superiores de las sociedades de las que formaban parte (L. R. González 1999; Lechtman 1984; 1988; 1991; Pollard 1981).

El Período de Integración Regional (Pérez Gollán 1991, 1994) se funda en parte en base a la circulación de estos elementos suntuarios –entre los cuales y de gran importancia se encuentra el cebil-, los cuales imprimen la configuración social que caracteriza este momento de la historia del Noroeste Argentino[3].

Antecedentes en la arqueología andina

Entre las primeras publicaciones de la ya encaminada disciplina arqueológica argentina de principios del siglo XX, es el trabajo de Ambrosetti (1904) el que merece destacarse por la información de análisis químicos realizados a metales y la elaboración de un esquema clasificatorio en el que incluye los objetos de metal del NOA conocidos para la época, en base a criterios tipológicos y formales. Sucesivamente, y a medida que crecía el repertorio de piezas recuperadas en excavaciones y expediciones arqueológicas, se realizaron inventarios que se limitaron a una descripción más o menos rigurosa de las piezas, descripciones en muchos casos acompañadas de análisis de composición química de las piezas, sin profundizar en cuestiones referidas a las tecnologías involucradas o a sus interacciones sociales[4]. En esta misma línea, el trabajo de Pedersen (1952) informa sobre el hallazgo de un conjunto de objetos

y evidencias de fundición de minerales en la zona del Río Salado en Santiago del Estero, los cuales desestima hayan pertenecido a la civilización Chaco- Santiagueña por las condiciones geológicas de la región, desprovista de afloramientos minerales. El autor sugiere, en cambio, que correspondan a una sola cultura andina, ya del "territorio incaico", ya del "noroeste argentino", por la similitud tipológica que presentan los objetos hallados, caracterizándose todos ellos por "obedecer a normas de proceder bien delineadas"[5] (Pedersen 1952: 93).

En un memorable trabajo, A. R. González (1975) ordena tipológicamente dentro de las secuencias y períodos de las diferentes culturas locales planteadas para el NOA, los hallazgos metálicos y las técnicas metalúrgicas conocidas, relacionando de manera innovadora el desarrollo de la tecnología metalúrgica con aspectos de las sociedades productoras. En el marco evolutivo desde el que concibe el desarrollo de estas sociedades, el autor ubica a Aguada –como la cultura que mejor representa al Período Medio- como el *climax cultural* del noroeste argentino, reflejado en los logros tecnológicos de la producción cerámica y la metalurgia. De esta manera, clasifica los objetos de metal asociados a Aguada en: placas de bronce circulares y rectangulares con alta calidad artística en su decoración; hachas ceremoniales grabadas con motivos felínicos de dos tipos, en forma de T –que provendrían de la región este del área de expansión Aguada,

---

3 Esta interpretación se integra a la propuesta de Dillehay y Núñez (1988), para quienes la movilidad de los sistemas agropastoriles en los circuitos de intercambio sentó las bases para la conformación de las jefaturas o señoríos.

4 Para una detallada revisión de los estudios arqueometalúrgicos andinos desde fines del siglo XIX hasta la actualidad, ver L. González (2004).

5 El autor, tratando de ajustar aún más la procedencia de los objetos de metal, se refiere en una nota a que ha constatado que los hallazgos de objetos de cobre y bronce se dan con mayor frecuencia en territorios andinos que se corresponden con el mapa de dispersión de cráneos con deformación tabular erecta y de plagiocefalía izquierda establecida por Imbelloni. Esta apreciación pone sobre el tapete la relación entre tipos y culturas predominante en la época.

es decir, de la zona de Ambato- y más complejas, donde el lado opuesto al filo remata en una elaborada figura felínica, confeccionadas en cobre nativo o bronce; hachuelas de cobre; ornamentos para tocados cefálicos; pinzas con valvas zoomorfas o antropomorfas, o circulares con mangos largos de cobre arsenical; y agujas (A. R González 1975). Son las placas y los discos, según el autor, símbolos religiosos y objetos de la parafernalia ritual que jugaron un rol central en la cultura de la Aguada, y cuya escasez atribuye a su uso restringido a unas pocas e importantes personas.

Las tipologías, explícita o implícitamente, vertebran teóricamente estos trabajos, precursores del renovado empuje que comienzan a tener las investigaciones sobre metalurgia andina hace poco menos de 20 años. A medida que en la disciplina se reconfiguraba el campo de interés teórico- metodológico con los postulados de la Nueva Arqueología, donde la supervivencia material de las sociedades se convierte en uno de los tópicos principales de discusión, el interés en los objetos utilitarios en las investigaciones sobre metales del NOA toma un giro significativo. Desde esta perspectiva, los objetos utilitarios cobraron importancia en tanto eran los que permitían a las poblaciones adaptarse al medio. Así, las investigaciones que analizaron estos objetos –agujas, cinceles, cuchillos, punzones, pinzas, alfileres, algunos tipos de hachas, entre otros-, lo hicieron desde un enfoque que los consideró como los productos finales del proceso de producción metalúrgica, artefactos que intervinieron en la vinculación del hombre con el medio ambiente, y cuyos atributos funcionales se priorizaron en las investigaciones realizadas sobre los mismos. De esta manera, los objetos considerados "suntuarios" se singularizaron como bienes con

un alto valor y clara función simbólica -artefactos "sociotécnicos" e "ideotécnicos"- mientras los objetos categorizados como "utilitarios" adquirieron un valor relacionado a la reproducción material de la sociedad –artefactos "tecnómicos"- (Binford 1962)[6].

En este marco surgió una serie de trabajos que abordaron el problema de la metalurgia prehispánica en el NOA desde perspectivas que se encaminaron hacia la indagación y reconstrucción de los procesos de producción involucrados en la metalurgia de las sociedades de la región, a partir del estudio de indicadores que pudiesen dar cuenta de los diversos momentos de dicho proceso (Angiorama 2001; Cabanillas et al. 2002; A. R. González 1979, 1992; L. R. González 1994, 1997, 1999; Lechtman y A. R. González 1991; Pifferetti 1999; Scattolin y Williams 1992; Tarragó y L. R. González 1998, entre otros). Estos trabajos sostuvieron el supuesto de la complejidad que entrañaba dicha producción, en el contexto de las incipientes o ya complejas configuraciones sociales dentro de las cuales se había desarrollado, quedando la metalurgia doblemente vinculada a órdenes complejos, por su misma naturaleza segregada (L. R. González 1992; Lechtman 1976; Shimada 1985), y por haberse desarrollado en sociedades de embrionaria o conformada desigualdad social. La asunción de tal complejidad afianzó la necesidad de comprender el sistema de producción, en términos de la localización y el análisis de los diferentes momentos im-

---

6 Sin embargo, en un trabajo posterior, Binford (1965) asume que en un mismo objeto puede encontrarse información de los tres *subsistemas*. Pero aún así, se mantiene la división categorial dentro del objeto de los aspectos tecnológicos, sociales e ideológicos, perspectiva que tendió, como dijimos, a favorecer los estudios sobre los objetos en su rol en la adaptación de las sociedades al ambiente.

plicados en él:

"Parece conveniente apuntar ahora hacia la detección y el análisis de contextos arqueológicos involucrados en las distintas etapas de trabajo de la producción (...) Este rumbo surge como aconsejable en razón de algunas importantes características del proceso metalúrgico. El enorme salto cualitativo existente entre las materias primas originales y los productos terminados hace que las inferencias basadas en estos últimos acerca de aspectos de la dinámica de dicho proceso (como por ejemplo la logística de la procuración de las menas metalíferas) resulten ambiguas. Para resolver este tipo de interrogantes, la cadena de transformaciones por las que transcurren los materiales intervinientes debe analizarse paso a paso y a través de sus referentes arqueológicos específicos" (L. R. González 1992: 52- 53)

El replanteo de las investigaciones sobre la metalurgia del noroeste argentino en términos de los estudios sobre su producción, significó un gran avance no sólo en el conocimiento de las distintas etapas involucradas en los procesos de producción, sino también de los demás objetos no metálicos implicados en ellos -crisoles, moldes y demás herramientas refractarias elaboradas en cerámica- (Campo 2001; L. R. González 1992; 1997). Los estudios experimentales también cobraron valor a partir de la necesidad de reconstruir las diferentes etapas en la elaboración de los objetos de metal (ver por ejemplo L. R González y Buonno 2004; Ziobrowski et al. 1996).

Sin embargo, a pesar de los nuevos problemas formulados por estos investigadores, los mismos se orientaron por la misma base clasificatoria que guiaba los trabajos clásicos previos. La categorización funcional de los artefactos fue congruente con la clasificación tipológica previa aplicada a los objetos de metal, y supuso una determinada carga de sentido, otorgada de antemano, para cada uno de ellos. La noción tipológica de los objetos, originada en aquellos primeros trabajos de orientación histórico-cultural, y aunque reformulada en función de los nuevos objetivos de los trabajos que los criticaron, se mantuvo intacta en la distinción de los objetos metálicos en utilitarios y suntuarios. Las clasificaciones aplicadas a los objetos de metal fueron naturalizadas y aprehendidas como reales en las investigaciones que enfocaron sobre algún aspecto particular de la metalurgia prehispánica. Veamos la arbitrariedad que a nuestro entender comporta este abordaje, y las limitaciones que genera a la hora de caracterizar a los objetos.

El problema

Aún a pesar de las conocidas propiedades atribuidas al metal como un sólido con una gran expectativa de durabilidad, suave, plástico y maleable (Lechtman 1999), propiedades todas que invitan a imaginar las múltiples actitudes hacia él tomadas al momento de manipularlo para la fabricación de objetos, la clasificación dicotómica que le ha sido invariablemente otorgada ha delimitado la categorización de "lo metálico" a aquello prescripto por las categorías a través de las cuales justamente se lo clasificó, esto es, en suntuario o utilitario.

Pareciera ser que el metal, lo metálico, como categoría de elemento, subsidiario principal de uno de los "reyes" de los tres mundos en los que se divide lo existente[7], participara naturalmente por un lado, en la conformación, exhibición y legitimación de las jerarquías humanas a través de su materialización en objetos suntuarios. Y por otro, en la reproducción de las sociedades a través de su objetivación en piezas utilitarias. Pero ahora bien, ¿cómo distinguir el carácter utilitario o simbólico de un particular objeto metálico?, ¿Es el grado de inversión artesanal una variable válida para distinguir la mayor o menor "practicidad" o "suntuosidad" de un objeto de metal? Y en todo caso, ¿cómo definir la practicidad o suntuosidad de algo?, ¿Es relevante por sí sola la categorización de los objetos en utilitarios o simbólicos y/o suntuarios?, ¿O podemos pensar acaso en que tales categorías resulten, de hecho, carentes de sentido en tanto están vacías de contenido?

En esta tesis sostenemos que los objetos en general, y aquellos metálicos en particular, no poseen características "intrínsecas" que les confieran tal o cual significado, sino que el mismo está dado en el marco de las prácticas sociales en las cuales intervienen. No hay nada en sí mismo que haga a un objeto simbólico o utilitario; el carácter suntuario o utilitario de un objeto no reside en ningún atributo esencial de éste, sino en arbitrarios esquemas de clasificación que en determinado momento se aplicaron sobre los objetos y cuyo sentido quedó asociado mecánicamente según su ubicación en uno u otro tipo. Es analizando el papel desempeñado por los objetos metálicos en su vinculación con las prácticas sociales en las cuales participaron,

como podremos acceder a la categorización histórica que su existencia implicó, pretendiendo de esta manera trascender la arbitraria dicotomía entre "objetos utilitarios" y "objetos simbólicos".

El caso de estudio

Los objetos de metal hallados en las sucesivas excavaciones en el Valle de Ambato nos proporcionan un caso de estudio especial para discutir el problema de cómo se han definido y clasificado los objetos de metal en el transcurso del desarrollo de la Arqueología del noroeste argentino, principalmente por dos razones. En primer lugar, el Valle de Ambato conforma uno de los espacios que permitió reinterpretar lo que se denominaba Período Medio, bajo la forma de una integración regional de aquellos pueblos del período temprano, políticamente atomizados, a través de la denominada Ideología Aguada. La ideología Aguada, de carácter fundamentalmente religioso, supuso la existencia de una sociedad jerarquizada que produjo determinados objetos que materializaron las diferencias sociales, las legitimaron y así las naturalizaron. Bajo este supuesto, determinados aspectos de la cultura material de contextos asignados al período en cuestión, se reificaron y conformaron el entramado material y simbólico a través del cual se fueron cimentando los pilares de la entidad "Aguada". Específicamente, los objetos de metal fueron utilizados conjuntamente con otros aspectos materiales tales como la cerámica negra-gris grabada, la iconografía con las figuras centrales del felino y el sacrificador (A. R. González y Pérez 1976) para la construcción de esta ideología que se extendió homogeneizando las particularidades locales en gran parte del noroeste argentino hacia la segunda mitad del

---

7 Nos referimos a la clásica distinción entre Reino Animal, Reino Vegetal y Reino Mineral, clasificación cardinal del mundo terrenal y sobre la cual se clasifica toda la demás materia existente.

primer milenio de la era. En segundo lugar, en los sitios excavados en el valle por el Proyecto Ambato con fechados asignables al momento Aguada, se halló un conjunto de 30 objetos de metal en diversos contextos arqueológicos que se vinculan a diferentes prácticas llevadas a cabo por las personas que habitaron el valle. Además, incorporamos a nuestro análisis los nueve objetos de metal provenientes del sitio Iglesia de Los Indios o La Rinconada excavado por Inés Gordillo, sitio que forma parte del conjunto de los sitios del área del valle. El análisis de estos objetos, en los diferentes contextos prácticos a los que están asociados, nos permitirá desvincularlos tanto de aquellas posiciones donde los objetos de metal cobran sentido en el *locus* de la reproducción de la ideología, como de aquellos enfoques donde los objetos encuentran significación sólo en el *locus* de la reproducción material de la sociedad, posiciones ambas en donde se recurre a una clasificación tipológica arbitraria de la variabilidad material. Desde nuestra perspectiva, la variabilidad de los objetos es comprendida como producto de la acción social situada históricamente, por lo que focalizamos nuestra investigación sobre aquellos contextos prácticos de producción y reproducción social que otorgaron el sentido de las existencias y agencias de los objetos de metal hallados en el Valle de Ambato, todo lo cual nos llevará hacia la construcción de una categorización histórica y socialmente situada de los mismos. Empecemos viendo los supuestos teóricos sobre los que se sustentaron las clasificaciones de los objetos desde la Arqueología, y a través de los cuales se construyó la noción de los objetos de metal como "suntuarios" y "utilitarios".

CAPÍTULO 2: ENFOQUE TEÓRICO METODOLÓGICO

En el ya histórico debate dentro de las Ciencias Sociales acerca de si existe una inevitable mecánica en la acción social que moviliza a la gente a través de diversos procesos que ellos ignoran, o, si por el contrario, el sujeto se posiciona como productor autosuficiente de la acción social, el lugar otorgado a los objetos en su vinculación con el hombre ha sido un asunto de discusión permanente, en particular desde la Arqueología, disciplina que en gran parte se construyó y desarrolló a través de la clasificación de objetos. La categorización como un proceso innato del entendimiento humano, impregnó la cultura occidental (Boast 1990), transformándose el mundo clasificado en sinónimo del mundo real, adquiriendo así la apariencia de un hecho verdadero, "natural". Estas nociones quedaron fijadas en la Arqueología, desde sus inicios como disciplina científica.

Desde los cánones de la escuela Histórico Cultural, y como reacción al trazado de estadios evolutivos de desarrollo cultural, la intención de los arqueólogos en identificar el origen, movimientos e interacciones de pueblos prehistóricos redundó en un interés acerca de las variaciones geográficas y no sólo temporales del registro arqueológico (Trigger 1992). La necesidad de precisar cronologías relativas y establecer espacial y temporalmente las culturas del pasado, cuyos rasgos estaban *contenidos* en los objetos que se suponía pertenecían a dichas entidades culturales, produjo que se dirigiera la atención hacia problemáticas vinculadas con la clasificación de objetos a fin de construir tipologías que permitiesen comparar las *culturas* de las cuales dichos objetos eran propios. En este ámbito, se pensó a los objetos como "espejo" de aquella construcción cultural, en tanto reflejaban los valores que hacen a su especificidad como cultura. Los tipos resultantes de las clasificaciones de objetos, por compartir determinados atributos, fueron considerados manifestaciones de información cultural que podía -y debía- ser aislada en tiempo y espacio, y supuso una sistematización rígida de los tipos materiales y de las culturas de ellos resultantes, siendo justamente las tipologías la base clasificatoria necesaria de esta inferencia arqueológica. Este clásico enfoque fue estrictamente normativo y asumió que las culturas eran internamente homogéneas, representando visiones consensuadas de maneras apropiadas de vivir (Binford 1992): la referencia entre variabilidad material y cultural fue vista a priori como una relación de identificación de tradiciones culturales.

A principios de la década de los '60 comienzan a cuestionarse los supuestos teóricos de la escuela Histórico Cultural, y se buscan explicaciones dentro de cada sistema cultural desde una perspectiva evolucionista, inquiriendo en las regularidades materiales que presenta el proceso (Trigger 1992) y recurriéndose a interpretaciones funcionales de los datos arqueológicos. El énfasis puesto en el rigor metodológico impulsó las discusiones acerca del método de clasificación, promoviéndose un método explícito y riguroso para determinar los rasgos significativos de variabilidad y los tipos. A pesar de que se abandonó la ecuación de tipos y culturas, se mantuvo la organización de rasgos culturales dentro de los primeros, aunque con un giro en la definición de *rasgo*. Se redefinió la tipología como la definición sistemática de asociaciones de rasgos no azarosas, localizándose la significatividad de los patrones tipológicos en objetivos orientados por problemas o hipótesis (Boast 1990; Trigger 1992). La cultura fue vista como el "medio extrasomático", relacionada funcionalmente a estrategias adaptativas, y la cultura material, restringida a la tecnología, fue planteada como la variable interpuesta entre la sociedad y el ambiente. Las clases de objetos –tecnómicos, sociotécnicos e ideotécnicos mencionados oportunamente-, y ya no los tipos, se utilizaron para determinar función, y estas clases fueron mantenidas como entidades que participan en diferentes estrategias en los intentos de la sociedad de mantenerse adaptadas. Aunque estas clases no eran vistas más como naturales o teniendo sólo un significado a través del tiempo, ni se restringían tampoco a un solo objeto, eran aún vistas como items que contenían información, considerándose *simples receptáculos de información* (Boast 1990: 14).

De este modo, vemos que en la Arqueología tradicionalmente se ha trabajado desde supuestos acerca del mundo que redundaron en la definición de tipos y clases de artefactos basados en rasgos distintivos (funcionales, estilísticos, formarles), que significaron la "validez" de patrones tipológicos en tiempo y espacio. Los supuestos sobre la división del mundo, y, por ende, la relación de las

categorías con la cognición humana mantuvo la sistematización cerrada y rígida del dato arqueológico. Para profundizar y comprender más acabadamente este punto, recurrimos a la distinción que efectúa Boast (1990) entre clasificación y categorización. Aunque este autor examina vasijas cerámicas del Viejo Mundo, nos pareció sumamente eficaz el enfoque de su desarrollo teórico-metodológico, a partir del cual reexamina las categorizaciones clásicas desde las cuales se abordaron aquellas. La clasificación, por una parte, hace referencia a las identidades, convenciones acerca del orden del mundo natural y social, estrictamente basadas y definidas por atributos. Estas identidades se fundan en reglas articulables, que constituyen el criterio de identidad para construir las clasificaciones. Tal es el caso, según el autor, de los sistemas de parentesco, que están basados en reglas potencialmente expresables por el lenguaje, y en donde son justamente las reglas las que determinan total y exclusivamente sus límites. La categorización, por su parte, posee una dimensión práctica, en la medida en que es en ésta en la que queda definida como tal: la categoría de *práctica social*, en el sentido que le otorga la Teoría Social Contemporánea (Bourdieu 1977, 1988; Giddens 1984, 1987) nos permite empezar a esbozar nuestra postura al respecto de los objetos y de cómo los mismos son categorizados situacionalmente. Las prácticas sociales se enlazan con la noción de actividad o acción, o sea, se refieren a la multiplicidad de *actividades prácticas* (Giddens 1987) que los agentes de un grupo social determinado realizan cotidianamente en el curso de su vida. Las prácticas se realizan en el marco que las posibilita; esto es, deben ser entendidas en relación a las estructuras sociales encarnadas en tradiciones y reglas sociales, que son no sólo el medio sino también el resultado de tales prácticas. Un mecanismo que permite comprender esta correspondencia entre prácticas y estructuras es el *habitus*, el conjunto estructurante de disposiciones interiorizadas en los individuos, que se esgrime como un principio generador de estrategias a través de las cuales los seres humanos *reaccionan prácticamente* a las diversas situaciones a las que se enfrentan cotidianamente: "El habitus es la mediación universal que causa las prácticas de un agente individual (…) es el aspecto por el cual ellos [los agentes] son ajustados objetivamente a otras prácticas y a las estructuras de las cuales el principio de su producción es asimismo su producto" (Bourdieu 1977: 79). A partir de la dialéctica que se establece entre las estructuras sociales y las prácticas, las personas se posicionan como *agentes sociales* capaces de intervenir en, y alterar sus condiciones sociales de existencia. Este es uno de los sentidos en los que cobra relevancia la Teoría de la Práctica, en tanto incorpora a los agentes de la acción, quienes a través de las prácticas dan sentido a su mundo. De esta manera, las categorías, regeneradas en cada una de las actividades llevadas a cabo por los agentes de la práctica, "operan más efectivamente en la rutina, los niveles no discursivos de la práctica humana, particularmente mediante su objetivación en los objetos materiales que median activamente la acción social" (Treherne 1995: 11)[1]. Es en este marco que entendemos las categorizaciones. Una categoría no está determinada por reglas establecidas como en la clasificación, sino que está determinada por la práctica, demarcando activamente la experiencia: *las categorías son incorporadas, producidas y*

reproducidas directamente desde la práctica (Boast 1990: 38).

Ahora bien, ¿de qué manera podemos penetrar los arqueólogos en esta dimensión práctica de las categorías?. La cultura material como la objetivación de las prácticas sociales (Dobres y Hoffman 1994; Gosden y Marshall 1999; Miller y Tilley 1996; Shanks y Tilley 1987), en la medida en que condensa las relaciones sociales establecidas por las prácticas -que se establecen y reproducen en diferentes tiempos y lugares-, nos habilita un panorama en el intento de comprensión de nuestro propósito. Las categorías se objetivizan en los objetos materiales que median la acción social. Las categorías con las cuales la gente ordena la experiencia, están atravesadas tanto por conductas tecnológicas como lingüísticas (Lechtman 1999). Esta noción posiciona a la cultura material -del mismo modo que a los agentes sociales- como estructurada y a la vez con capacidad de agencia en el plexo social en el cual interviene cotidianamente. Aquí, la cultura material ya no *contiene*[2] ni *responde*[3] a la estructura social de la cual forma parte, sino que se posiciona como la materialización de una dialéctica en la que las estructuras y las prácticas sociales se reproducen mutuamente en múltiples escalas (Bintliff 1991; Hodder 1987; Knapp1992; Shanks y Tilley 1987). "La cultura material resulta de un proceso productivo, y como producción es el resultado de una actividad con propósitos: porta el sello indeleble del sujeto posicionado, posicionado en relación a estructuras sociales y estrategias sociales" (Shanks y Tilley 1987: 131). El enfoque multiescalar que adoptamos en esta tesis posee implicancias claras a la hora

---

1 Para una interesante reinterpretación de la función "ideológica" otorgada a un conjunto de objetos de la Edad del Bronce -artículos de tocador- en el marco de una profunda discusión sobre la categoría de *ideología* ver Treherne 1995.

2 Según los planteos de la Escuela Histórico-Cultural.
3 Según las corrientes procesuales.

de diseñar nuestra metodología. La perspectiva de múltiples escalas no diferencia entre macro escalas y micro escalas, sino que considera la existencia de diferentes escalas espaciales, temporales y sociales que se encuentran vinculadas dialécticamente, y en las cuales ocurre la reproducción social: los agentes y grupos de agentes; las unidades residenciales, los patios, las habitaciones, el valle; el tiempo biográfico de las personas y los objetos, el tiempo de la contingencia, el tiempo largo. Dicha multiplicidad y simultaneidad de escalas se crea y recrea en aquellos momentos donde los agentes sociales se producen y reproducen como tales; esto es, en el instante mismo de la práctica es donde convergen todas las escalas; es donde y cuando la noción de *habitus* cobra todo su sentido, el locus en el cual se generan y a la misma vez se regeneran todas las estructuras, todas las categorías y todos los agentes. Veamos ahora la manera en que podremos acceder a estas dimensiones de los objetos de metal recuperados en los distintos contextos del Valle de Ambato.

El hecho de que las propiedades físicas de los materiales naturales son inmutables e invariables en donde fuera que sean hallados, significa que las variaciones en los modos en que los encontramos responden a elecciones culturales (Lechtman 1999). Esta noción, apela a la capacidad de los arqueólogos en identificar las elecciones y decisiones culturales en las tecnologías que están por detrás de la producción de los objetos de metal. Estas elecciones, realizadas a partir de las categorías que las personas usan para ordenar y estructurar el mundo, están concretizadas en los objetos, en virtud de la historia de la producción y uso de los mismos. Los objetos, al no poseer una identidad tipológica intrínseca e inmutable, sino estando

sujetos a categorizaciones y recategorizaciones que se actualizan en la contingencia de las prácticas en las cuales intervienen, reclaman una metodología que trascienda los métodos tipológicos clásicos basados en la taxonomía. La clasificación de los objetos en tipos –por compartir una alta proporción de atributos– es incompatible con la distinción de límites dentro de la renegociación activa de la organización social, puesto que desde esta perspectiva, las categorías se conforman por elementos que no sólo se vinculan por compartir atributos –pudiendo inclusive no tenerlos-, sino que pueden relacionarse en función de diversas asociaciones dependiendo del contexto en que se integren (Boast 1990). Los límites dentro de un grupo material deben ser determinados por la relación entre sus elementos formales, de diseño, forma, relaciones contextuales, y su ubicación dentro de la práctica a la que se vincula. Esto no significa la simple enumeración de atributos mensurables, sino la presentación de las dimensiones referenciales dentro de una categoría y el conjunto de prácticas a las que refiere un objeto particular. Este es, sin embargo, el primer paso del análisis, puesto que "las categorías no son importantes por sí mismas, sino por su referencia a contextos más amplios que involucran lo ideológico, lo social y lo ritual" (Boast 1990: 55). Dentro de los estudios de variabilidad arqueológica, es esta referencia estructurada dentro y entre categorías lo que debe ser abordado para acercarnos a una interpretación de la organización de la práctica social como representada en la variabilidad material del pasado.

Nuestra metodología contempla entonces dos niveles de análisis. El primero de ellos es el del *objeto en sí*. Esta instancia se refiere a la descripción cuantitativa y cualitativa del objeto aislado de sus contextos prácticos. Esta primera aproximación descontextualizada se basa en la necesidad de identificar y analizar detalladamente los atributos técnicos y productivos involucrados en cada objeto, puesto que los mismos están estructurados en contextos sociales de ejecución material. Es en el interjuego dialéctico entre lo material y lo simbólico y no en esferas separadas de la realidad donde la significación histórica de una tecnología particular cobra sentido (Dobres y Hoffman 1994). Esto nos lleva a nuestro segundo nivel de análisis: el de los *contextos prácticos en los cuales participan los objetos* analizados. Los contextos prácticos se refieren a esos momentos donde se producen las prácticas, donde el *habitus* se actualiza como:

> *"...una potencialidad que es por definición actualización de lo no actual y desactualización de lo actual [...] La actividad práctica, en la medida que tiene un sentido, en que es sensata, razonable, es decir, generada por habitus ajustados a las tendencias inmanentes del campo, trasciende el presente inmediato por medio de la movilización práctica del pasado y la anticipación práctica del futuro inscripto en el presente en un estado de potencialidad objetiva."* (Bourdieu y

Wacquant 1995: 95).

La práctica, a la vez que activa las categorías movilizando el pasado hacia la contingencia del presente, las desactiva y por ello las reafirma, situándolas nuevamente en estructuras que al momento de producirse la acción se encuentran incorporadas como habitus de reproducción social. Es en ese momento, en ese contexto práctico, donde se produce la intersección de la multiplicidad de escalas donde participan los objetos. Aplicando una estrategia de *zoom*, nos alejamos entonces del objeto en sí, para comprenderlo en una dimensión donde el mismo se relaciona con otros objetos, en diversos espacios y tiempos y con diversos agentes sociales. La caracterización histórica de los objetos metálicos del valle de Ambato nos permitirá analizar cómo fueron naturalizadas las prácticas donde los objetos de metal estuvieron involucrados —manufactura de piezas de alfarería, uso como ajuar en un enterratorio fundacional de un neonato, depositación en los montículos, etc.- y de qué manera fueron fijados los significados de estas prácticas, tiempos y espacios en su mutua objetivación en los objetos.

Adentrémonos ahora al caso de estudio presentando una descripción de las condiciones ambientales del valle y su región circundante, con relación al estado del conocimiento sobre la arqueología del Valle de Ambato y su cronología.

CAPÍTULO 3: EL VALLE DE AMBATO EN EL ESPACIO DEL NOROESTE ARGENTINO

En este capítulo mostramos las condiciones objetivas sobre las cuales se desarrolló la vida de las sociedades prehispánicas que habitaron el Valle de Ambato, tomando como eje el lugar ocupado por el valle con relación a los dos recursos fundamentales para la producción metalúrgica, esto es, los combustibles y los minerales metalíferos. Las caracterizaciones del *área biogeográfica* en la cual se inscribe el valle, y de la *región geológica* dentro de la cual se hallan los yacimientos minerales que pudieron haber explotado estas sociedades, constituyen el escenario sobre el cual, en el tercer y cuarto acápite de este capítulo, encuadramos el estado de la cuestión sobre la arqueología del Valle de Ambato y su cronología.

Caracterización ambiental

Valles y bolsones alternan con elevados bloques y cordones montañosos, en la geografía de la llamada Provincia Geológica de las Sierras Pampeanas. El Ambato es uno de los múltiples valles que conforman esta región, en el centro-sur de la provincia de Catamarca (Figura 1). Sus límites lo conforman el cordón montañoso del Ambato o Manchao, al oeste, y la sierra de Graciana, al este, mientras que el valle de Catamarca y los Altos de Singuil constituyen sus límites sur y norte, respectivamente (Ardissone 1941). El valle de Ambato es recorrido en su llanura aluvial por el Río Los Puestos o Río del Valle, en torno al cual se disponen los sitios estudiados. El valle posee un clima continental cálido, con precipitaciones anuales de entre 500 y 800 mm, aunque los accidentes topográficos otorgan particularidades

climáticas a distintos sectores, de acuerdo a la altura y exposición. En este sentido, por el hecho de encontrarse a 28 grados de latitud sur y por su posición continental, en el valle de Ambato se producen elevadas temperaturas estivales y lluvias locales en la misma estación. Biogeográficamente, el valle de Ambato pertenece a la Provincia Chaqueña distrito occidental, del dominio chaqueño (Cabrera 1976). Se encuentra en un área limítrofe respecto a otras provincias biogeográficas, como es la de las Yungas al este, y las Prepuneña y del Monte al oeste. Esta posición fue considerada relativamente estratégica en cuanto al acceso que pudo haber ofrecido a diversos recursos de estas zonas, pudiendo de esta manera haber favorecido el asentamiento de grupos humanos desde el período llamado Formativo (Assandri et al. 1991). Se trata de una zona con una amplia oferta ambiental de maderas y leñas, combustibles cuya disponibilidad pudo favorecer el emplazamiento de instalaciones para la realización de operaciones metalúrgicas. Según L. R. González (1992), en términos de energía invertida en el

Figura 1: Mapa con la ubicación del Valle de Ambato, Pcia. de Catamarca, Argentina.

transporte, es más procedente acarrear minerales hacia lugares de procesamiento en donde existan combustibles vegetales en cantidad y calidad adecuadas, que operar a la inversa. Aunque los objetos concretizan las decisiones y elecciones humanas en su producción y uso, aquella está condicionada por la disponibilidad de las materias primas involucradas, en nuestro caso los combustibles y los minerales metalíferos, a partir de los cuales se confeccionaron los objetos de metal en el valle de Ambato.

Yacimientos minerales de la región

De los 30 objetos de metal que fueron recuperados de los sitios bajo estudio y que analizamos en esta tesis, a un grupo de 15 piezas de los sitios Martínez 1, Martínez 2, Martínez

3 y Martínez 4, se les efectuaron análisis de composición química a través de las técnicas de fluorescencia de rayos X y microscopio electrónico de barrido con EDAX[1] en el Cen-

1 En los estudios de Fluorescencia de rayos X, un haz de rayos X es aplicado sobre una muestra (que puede no ser retirada de la pieza, aunque la superficie a analizar debe ser pulida) que despide otros rayos X que son recogidos por un espectrómetro. La energía de la fluorescencia es específica a la composición elemental de la muestra, y la posición y altura de los picos en el espectro se interpretan utilizando patrones de referencia de composición conocida. No se detectan a través de estos análisis el oxígeno ni el carbono. Por su parte, el microscopio electrónico de barrido (SEM) permite apreciar con todo detalle el relieve de las muestras: un estrecho haz de electrones es generado calentando el filamento de una bombilla a muy alta temperatura. El haz de luz pasa por una columna cilíndrica de 1 m de altura, dotada de lentes electromagnéticos que permiten enfocarlo. La muestra, emplazada en la base de la columna, es barrida por el haz, haciendo que despida electrones secundarios que son convertidos en señales electrónicas y que dan lugar a una imagen en una pantalla. El impacto de los electrones en la muestra genera,

tro Atómico Constituyentes de la Comisión Nacional de Energía Atómica (CONEA). De dichos análisis se concluyó que la totalidad de los objetos fueron confeccionados utilizando cobre arsenical (ver más adelante). De mismo modo, de los nueve objetos recuperados en el sitio Iglesia de los Indios, cuatro de ellos presentaron cobre arsenical en su composición, mientras que tres poseen cobre en un 99 % (Gordillo y Buonno 2003). Esta circunstancia se adecua a la comprensión de que el metal más importante de la metalurgia prehispánica fue el cobre, como componente único o formando bronces con estaño en mayor medida, y con arsénico y cinc en menor proporción (L. R. González 2004: 54).

Según Angelelli (1984), los yacimientos que contienen minerales cuproarsenicales conocidos en la región más amplia son los de Minas Capillitas, en el departamento de Andalgalá en la provincia de Catamarca, donde se asocian minerales de enargita y tennantita, y los del macizo de Famatina, en la provincia de La Rioja, constituidos principalmente por enargita. La Sierra del Aconquija -donde se encuentra Mina Capillitas- es uno de los principales cordones montañosos que conforman el asiento de yacimientos minerales en el área, y su explotación en épocas prehispánica fue mencionada en varias publicaciones (Fester y Retamar 1956; A. R. González 1998; L. R. González 1999; Núñez Regueiro 1992; Scattolin y Williams

además, un espectro de rayos X que puede utilizarse para determinaciones químicas a través de un equipo de Dispersión de Energía en rayos X (EDAX) acoplado. En los análisis con EDAX, un haz de electrones se hace incidir sobre la muestra, con una energía tal que provoque la emisión de rayos X característicos de cada elemento presente en ella. Detectores de silicio recogen las emisiones y producen un espectograma, de tal manera que se puede efectuar una cuantificación. Detecta elementos al nivel del 0.2 %, pero, por lo general, de peso atómico mayor a 11 (Información extraída de González 2004).

1992; Ziobrowski et al. 1996, entre otros).

Las aleaciones de cobre y arsénico, que como dijimos componen la totalidad de la muestra que se analizó, son, en nuestro caso, el producto de la reducción de minerales que ya contienen ambos elementos, como por ejemplo los sulfo-arseniuros de cobre como la enargita (Cu_3AsS_4) y la tennantita ($Cu_3AsS_{3,25}$) (Informe CONEA 1996). Las aleaciones de cobre y arsénico se pueden obtener también de cobre y arsénico metálicos, pero, aunque existe el cobre metálico –nativo- no existe el arsénico metálico. En la naturaleza, el arsénico se presenta con mayor frecuencia en tres tipos de minerales: como simple sulfuro de arsénico como el oropimente o el realgar; como componente de varios minerales cuproarsenicales como la domeykita, la enargita, la tennantita, la olivenita y la chenevixita; o como arsenopirita o mispichel. Pero los minerales de arsénico que no son ni enargita ni tennantita –sulfuros de arsénico como el oropimente o el realgar, o arsenopirita o mispichel- se encuentran en regiones muy alejadas de aquellas en donde se encuentra el cobre en nuestra región. No obstante, como bien lo señalaran Ziobrowski et al. (1996), es factible suponer que en algún momento, los metalurgistas prehispánicos eligiesen deliberadamente determinadas menas en detrimento de otras, en virtud de la apreciación de sus ventajosas cualidades técnicas.

Arqueología del Valle de Ambato

Durante los últimos años se ha propuesto en el marco del Proyecto Arqueológico Ambato[2] el

2 Las investigaciones arqueológicas en el Valle de Ambato comienzan en el año 1973, cuando Osvaldo Heredia y José Antonio Pérez Gollán realizan una primera prospección del área de Los Castillos. Desde esa fecha y hasta 1976 se realizaron cuatro campañas arqueológicas con apoyo financiero del CONICET. La dictadu-

LP-1269	**PB**-RH/sep 1	1230±80 BP	690 AD (68.2%) 890 AD	660 AD (95.4%) 980 AD
LP-1199	**IDI**-E7-UT-C5. Muestra 9	1230±40 BP	710 AD (14.7%) 750 AD 760 AD (53.5%) 880 AD	680 AD (95.4%) 900 AD
Beta 79180	**IDI**-E4-4b (10) Muestra 5b	1250±60 BP	680 AD (60.1%) 830 AD *840 AD (8.1%) 870 AD*	660 AD (93.7%) 900 AD 920 AD (1.7%) 940 AD
H 7004	**IDI**-LR-E7-p Muestra 1	1260±40 BP	680 AD (68.2%) 810 AD	660 AD (95.4%) 890 AD
LP-1090	**PB**-S1/N15 Montículo (1)	1340±40 BP	650 AD (57.7%) 720 AD 740 AD (10.5%) 770 AD	640 AD (95.4%) 780 AD
LP-1223	**PB**-RC/N21-C5 Fogón	1370±70 BP	600 AD (61.1%) 720 AD 740 AD (7.1%) 770 AD	530 AD (95.4%) 820 AD
H 7005	**IDI**-E1-CC:21 Muestra 2	1380±40 BP	620 AD (4.7%) 630 AD 635 AD (63.5%) 685 AD	590 AD (92.0%) 720 AD 740 AD (3.4%) 770 AD
LP-	**EA**-N10	1390±80 BP	560 AD (63.5%) 720 AD 740 AD (4.7%) 770 AD	430 AD (95.4%) 820 AD
GIF 9413	**IDI**-E4-6d (24) Muestra 4	1420±50 BP	580 AD (1.0%) 585 AD 595 AD (67.2%) 665 AD	530 AD (95.4%) 700 AD
LP-	**M2**-sec E	1510±70 BP	430 AD (19.4%) 520 AD 530 AD (48.8%) 640 AD	410 AD (95.4%) 660 AD
LP 464	**IDI**-E4-4b (10) Muetra 5a	1650±75 BP	260 AD (5.3%) 280 AD 320 AD (48.8%) 470 AD 480 AD (14.0%) 540 AD	230 AD (95.4%) 600 AD
LP-	**M2**-sec O/1 poste	1690±80 BP	240 AD (68.2%) 430 AD	130 AD (95.4%) 540 AD
LP-	**M3**-N11	1700±60 BP	250 AD (68.2%) 420 AD	210 AD (95.4%) 540 AD
LP 495	**IDI**-E15-BP1 Muestra 7	1710±45 BP	250 AD (21.5%) 310 AD 320 AD (46.7%) 400 AD	230 AD (95.4%) 430 AD
LP	**M1**	1770±90 BP	*130 AD (68.2%) 390 AD*	50 AD (95.4%) 440 AD
LP 481	**IDI**-E23-SD Muestra 6	1800±80 BP	120 AD (68.2%) 340 AD	*60 AD (95.4%) 420 AD*
LP	*EA N17*	1990±70 BP	90BC (3.0%) 70BC 60BC (61.1%) 90 AD 100 AD (4.1%) 120 AD	180BC (92.9%) 140 AD 150 AD (1.3%) 180 AD 190 AD (1.2%) 220 AD

Tabla 1: Fechados del Valle de Ambato. EA: el Altillo; M1: Martínez 1; M2: Martínez 2; M3: Martínez 3; M4: Martínez 4; PB: Piedras Blancas; IdI: Iglesia de los Indios. Atmospheric data from Stuiver et al. (1998); OxCal v3.9 Bronk Ramsey (2003); cub r:4 sd:12 prob usp[chron]. University of Oxford, Radiocarbon Accelerator Unit.

estudio de la desigualdad social en contextos arqueológicos, desde una perspectiva que la asocia con procesos de diferenciación y de heterogeneidad creciente en diversas esferas

humanas, tanto materiales como inmateriales, habitualmente englobados bajo el concepto de complejización social (Laguens 2003). En este marco se han llevado a cabo trabajos de excavación y diversos análisis (Assandri 2003; Assandri y Laguens 2003; Caro 2002; Cruz 2000; Fabra 2002a, 2002b; Juez et al. 2003; Laguens 2002, 2003; Laguens y Juez 2001; Laguens y Pérez Gollán 2001; Marconetto 2003), de todo lo cual resumimos el siguiente estado de avance[3].

Alrededor del siglo VI d.C. y hasta después del siglo X d.C., una nueva forma de vida, distinta a la conocida con anterioridad, parece haber alcanzado a todos los ámbitos sociales y es configurada como una organización en torno a la

---

ra militar del año 1976 interrumpe abruptamente las investigaciones, y provoca persecuciones académicas, el asesinato y desaparición de tres miembros del grupo, y el exilio obligado de la mayoría de los miembros del equipo de investigación. Hacia 1986 y, según lo manifiestan los propios miembros del equipo, gracias al decidido apoyo del Dr. Alberto Rex González, se reanudan las investigaciones en el Valle de Ambato, ya en el año 1987 bajo la dirección de Heredia y Pérez Gollán. La muerte de Heredia en 1989 hace que Pérez Gollán continúe con la dirección del equipo. Las investigaciones adquieren un nuevo giro en la década del '90, cuando Andrés Laguens y Mirta Bonnin se suman al Proyecto Arqueológico Ambato, bajo cuya dirección, junto con José Pérez Gollán, se continúan hasta la fecha las investigaciones en el valle, correspondiendo a esta etapa las excavaciones realizadas en el sitio Piedras Blancas durante los años 1996, 1999, 2000, 2001 y 2004.

---

3 Bernarda Marconetto nos facilitó el material a partir del cual se resume el estado de avance del Proyecto Ambato.

diversificación de los roles sociales, el mantenimiento de desigualdades económicas y políticas, la intensificación del uso y explotación del ambiente, junto con un aumento en la diversidad de la cultura material y en la cantidad de habitantes, concentrados en varias aldeas (Laguens y Pérez Gollán 2001). Esta organización contrasta con la forma de vida previa, donde existía un acceso y distribución de recursos materiales y sociales más equilibrado, con menor variabilidad material y disponibilidad de recursos económicos, y con menor cantidad de gente distribuida en poblados más pequeños. Junto con estos rasgos de heterogeneidad social, se detecta un incremento de la población y, entre otros indicadores materiales, el proceso se concreta en la construcción cultural del espacio, a través de una complejización del patrón residencial, la aparición de la monumentalidad en las edificaciones, la construcción de obras de infraestructura, acompañada de una mayor densidad y variedad de sitios domésticos y públicos. En dicho proceso, la cultura material adquiere nuevas dimensiones, en función de una ideología dominante, cuyo alcance no se limita al Valle de Ambato y la región de influencia Aguada, sino que trasciende sus fronteras y se integra regionalmente en un ámbito geográfico extenso de los Andes del Sur, incluyendo vinculaciones con regiones como el oasis de San Pedro de Atacama y el altiplano boliviano.

Cronología del Valle de Ambato

En este acápite presentamos el listado de los fechados disponibles hasta el momento para los sitios Piedras Blancas (PB), Iglesia de los Indios o La Rinconada (LR / IDI), Martínez 1 (M1), Martínez 2 (M2), Martínez 3 (M3) y El Altillo (EA), sitio que no será abordado en esta tesis por no haberse recuperado en él objetos elaborados en metal. Los 25 fechados que disponemos hasta el momento para el área del Valle de Ambato, abarcan un rango de aproximadamente 1000 años, correspondiendo el fechado más temprano a 1900 ± 70 años C14 AP en el sitio El Altillo (Bonnin y Laguens 1997), y los registros más tardíos a 920 ± 70 años C14 AP para el sitio Piedras Blancas (Laguens 2000) y, 840 ± 55 años C14 AP, para La Iglesia de los Indios[4] (Gordillo 2003; 2004). Estos fechados asignables a dos momentos, el Formativo y el Período de Integración Regional, fueron analizados a la luz de la evaluación del tipo de material que fue datado y de la información acerca de la gestión de los recursos forestales por parte de la población del Ambato (Marconetto 2004) (Tabla 1).

___
4 Los doce fechados correspondientes al sitio Iglesia de los Indios fueron realizados en el marco de las investigaciones de Inés Gordillo y A.R. González.

CAPÍTULO 4: ASPECTOS METODOLÓGICO-TÉCNICOS

En el Campo

Obtención de la muestra analizada

Los objetos de metal estudiados en esta tesis provienen de las excavaciones realizadas por el Proyecto Arqueológico Ambato en los sitios Martínez 1, Martínez 2, Martínez 3, Martínez 4 y Piedras Blancas. Treinta son los objetos que analizamos, los cuales se recuperaron en los diferentes sitios excavados, con la siguiente distribución: diez objetos en el sitio Martínez 1, un objeto en el sitio Martínez 2, cuatro objetos en el sitio Martínez 3, tres objetos en el sitio Martínez 4, y doce objetos en el sitio Piedras Blancas. En este último sitio, los hallazgos se distribuyeron de la siguiente manera: ocho objetos en un montículo presente en el sector oeste del sitio, un objeto en el denominado Recinto C, y tres objetos en el llamado Recinto H.

En el Laboratorio

El análisis macroscópico de los objetos se realizó en las dependencias del Museo de Antropología de la Universidad Nacional de Córdoba, exceptuando aquellas piezas depositadas en el Museo Etnográfico de la Universidad de Buenos Aires, en cuyo caso se analizaron a partir de las libretas de campo de las campañas arqueológicas, la bibliografía publicada y el informe de los análisis químicos por Fluorescencia de Rayos X y microscopio electrónico de barrido con EDAX, realizados

sobre el conjunto de 15 piezas en el año 1996 en la CONEA. Los análisis metalográficos realizados a tres de las piezas estudiadas se efectuaron en dependencias del Instituto de Mecánica Aplicada y Estructuras (IMAE) de la Facultad de Ciencias Exactas, Ingeniería y Agrimensura de la Universidad Nacional de Rosario[1] (Apéndice 1). La obtención de los datos de las excavaciones y la reconstrucción contextual de los objetos se realizó a través del análisis de las libretas de campo depositadas en el Museo de Antropología de la Universidad Nacional de Córdoba y de la bibliografía publicada.

Primer nivel de análisis: los objetos en sí.

En primer lugar se contabilizaron los objetos de metal en cada uno de los sitios en los que fueron hallados y se realizó una primera descripción de los mismos en base a variables morfológicas en planillas confeccionadas para tal fin. Luego de esta primera descripción se construyó una base de datos en la que se incluyó un formulario común para cada una de las piezas, donde se ingresaron los datos cuantitativos y cualitativos de las mismas. Las caracterizaciones cualitativas de los objetos fueron realizadas a partir de una descripción detallada de aquellos aspectos que nos permitiesen acceder a las posibles prácticas a las cuales refiere cada objeto en particular. En este sentido se observaron las

1 La realización de los análisis metalográficos y del respectivo informe estuvo a cargo de la Ing. Liliana Nosei y del Ing. Adrián A. Pifferetti.

huellas de uso en aquellos objetos en los que fue posible hacerlo, y se observaron las fracturas de los objetos, evaluando sus posibles motivos y si existe relación entre éstas con el diseño de la pieza en cuestión. Como dijimos, un conjunto de 15 objetos encontrados en los sitios Martínez 1, 2, 3 y 4 fue sometido a análisis con anterioridad al desarrollo de esta tesis, a fin de determinar sus componentes químicos en la CONEA. La información resultante de estos análisis microscópicos fue incorporada al corpus de los análisis macroscópicos realizados en laboratorio, con el objetivo de que contribuya a precisar cuestiones referidas al proceso de producción de los objetos metálicos, como el de los posibles minerales utilizados para su confección. En este mismo sentido se realizaron, como dijimos, análisis metalográficos a tres fragmentos de objetos, análisis que nos permitieron determinar la naturaleza, morfología, dimensiones, cantidad y distribución de las fases constituyentes de los materiales, lo que contribuyó notablemente a precisar las características de las piezas, el trabajo mecánico sobre ellas ejecutado y parte de la historia de su producción. Finalmente, toda la información se ingresó a la base de datos construida en formato Microsoft Access ya referida, analizándose posteriormente en planillas de cálculo, utilizando para tal fin el programa Microsoft Excel.

Segundo nivel de análisis: los objetos en sus contextos prácticos

Cada uno de los objetos de metal se estudió en relación con los demás objetos con los que se relacionaban contextualmente y, a excepción de aquellos provenientes del montículo de Piedras Blancas, los objetos se analizaron en relación a la matriz sedimentaria que los contenía. Una vez ingresada la información de cada objeto en la base de datos, relacionamos las distintas variables entre sí, observando si existían patrones en la depositación de los objetos en relación contextual con los demás objetos no metálicos con los que se vinculan y en relación a los diferentes sitios en donde aparecen. Se analizó, además, la relación entre la composición mineralógica de cada objeto con el tipo de objeto, y se compararon las composiciones y las características técnicas de los objetos de cada uno de los sitios estudiados, observando si existían diferencias entre ellos según el sitio. Esta metodología nos permitió formular una determinación de los objetos en los usos concretos en los que estuvieron involucrados. La caracterización detallada de cada uno de los objetos, los contextos y los sitios en nuestro análisis, nos brindó el corpus de datos indispensable para poder arribar a una interpretación de los objetos en el marco de su categorización significativa situada históricamente.

CAPÍTULO 5: LOS OBJETOS DE METAL Y SUS CONTEXTOS DE HALLAZGO

En este capítulo llevamos a cabo el análisis de los 30 objetos de metal hallados en los cinco sitios excavados por el Proyecto Ambato en el valle. Además, como dijimos, incorporamos a nuestro análisis los objetos de metal provenientes del sitio Iglesia de Los Indios o La Rinconada excavado por Inés Gordillo -distante unos 400 m hacia el sur de Piedras Blancas- por formar parte del conjunto de los sitios del área, y por haberse hallado en diferentes contextos del sitio nueve objetos elaborados en metal. Para nuestro análisis comenzamos con

la caracterización y descripción de cada uno de los sitios de donde provienen los objetos, para luego enfocar sobre la descripción de cada uno de los objetos en relación a los contextos en donde fueron encontrados dentro de cada sitio.

Sitio Martínez 1 (ScatAmb 001)

A este sitio (Figura 2) lo conforman una unidad-habitación y un montículo basurero (Assandri 1991). En la habitación del sitio se halló un conjunto de instrumentos, fundamentalmente

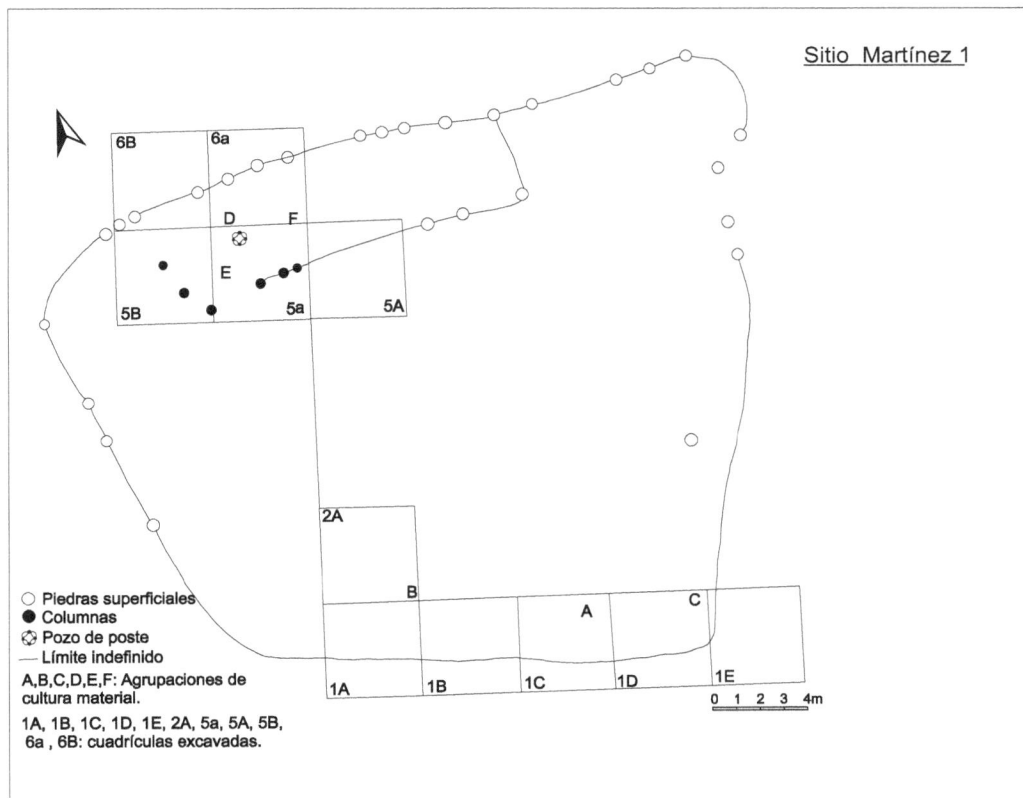

Figura 2: Plano del sitio Martínez 1 (calcado del original en Assandri 1991)

utilizados para la elaboración de alfarería, que condujeron a interpretar este sitio como un lugar en donde se almacenaron instrumentos y se desarrollaron diferentes actividades artesanales, principalmente elaboración de cerámica pero sin descartar el trabajo en cuero, el hueso y la tejeduría (Assandri 1991). En la excavación de la habitación del sitio se llegó a un piso consolidado, asociados al cual se detectaron seis concentraciones de material arqueológico, en tres de las cuales se distribuyen los objetos de metal que analizamos en esta sección y parte de los demás objetos no metálicos descriptos.

En este sitio, además de alfarería de estilo "Aguada", se registra la presencia de cerámica Ciénaga. El sitio comparte con Alamito el sistema de columnas de piedra y el techo a dos aguas en sus técnicas constructivas, y se asemeja a demás sitios ceremoniales del valle de Ambato, como Iglesia de los Indios, por la similitud en los tipos cerámicos encontrados y por compartir la técnica de las columnas de piedras alternadas con muros de barro en la construcción.

Como pudimos ver en la tabla de la cronología del valle en el capítulo 3, este sitio cuenta con un fechado radiocarbónico, realizado sobre carbón correspondiente a una estructura de techo, de 1770 ± 90 años C14 AP.

Estos son los objetos de metal recuperados en el sitio Martínez 1:

Objeto N° 4a

Es un instrumento alargado de 70.8 mm de largo, 9.7 mm de ancho máximo y de 3.5 mm de espesor. Posee ambas caras planas, uno de sus extremos aplanado y más ancho que

Figura 3

el resto de la pieza. El otro extremo también es aplanado aunque más aguzado, y parece corresponder a un cincel, pudiendo la pieza haber estado enmangada. El objeto está muy corroído, cubierto casi totalmente por gránulos verde oscuro.

Objeto N° 8

Es un fragmento de instrumento de forma subtriangular, de 40.8 mm de largo máximo, 22.8 mm de ancho máximo y de 4.8 mm de espesor. El objeto posee tres fracturas, dos de ellas muy irregulares, y por sus características formales parece corresponder a una cuña, porción fracturada de uno de los extremos de un cincel. Un objeto similar presenta A. R. González (1975) –Fig. 14a: cincel de los Períodos Temprano y Medio-. La pieza se encuentra muy corroída, y está en gran parte recubierta por una pátina granulosa verde, parte de la cual está removida debido al análisis de composición química que se le efectuó a la pieza en la CONEA. Los análisis de fluorescencia de rayos X y EDAX aplicados sobre este objeto indicaron la utilización de cobre arsenical en su confección, en la siguiente proporción de elementos:

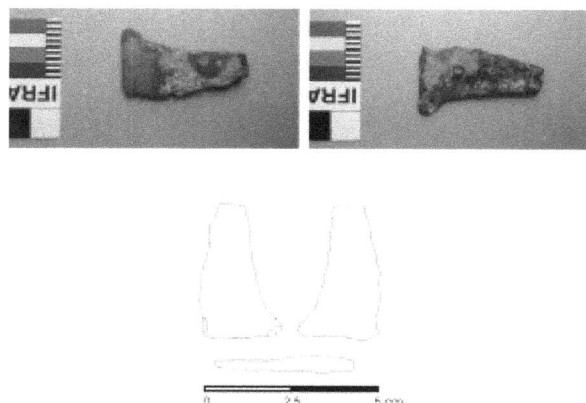

Figura 4

Figura 5

Fluorescencia de Rayos X			EDAX			
Cu	As	Pb	Cu	As	Al	Cl
86 %	5.5 %	3.2 %	90.15 %	5.02 %*	1.6 %	2.4 %

* Son valores promedio de varias mediciones, en la misma zona sin pátina.

Fluorescencia de Rayos X			EDAX			
Cu	As	Pb	Cu	As	Al	Cl
82 %	Traza	---	96.43 %	0.34 %*	---	1.47 %

* Son valores promedio de varias mediciones, en la misma zona sin pátina.

Objeto N° 20

Es un fragmento de objeto, probablemente la valva de una pinza, de 29.6 mm de largo, 15.7 mm de ancho máximo y 1.5 mm de espesor. Posee un apéndice que tiene una curva y contracurva de un espesor muy fino, en forma de cola zoomorfa similar al apéndice presente en las valvas de la pinza N° 4 asignable a Aguada que presenta A. R. González (1998: 101). El objeto posee un orificio en su parte central, desde la cual parte una sección donde la pieza es cilíndrica y está fracturada. La pieza en su totalidad se encuentra muy corroída. A la pieza se le efectuaron análisis de composición química en la CONEA. Los análisis de fluorescencia de rayos X y EDAX aplicados sobre este objeto indicaron la utilización de cobre arsenical en su confección:

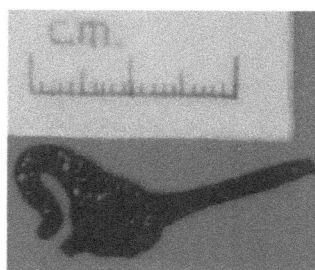

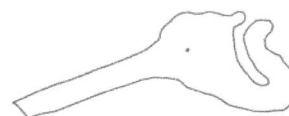

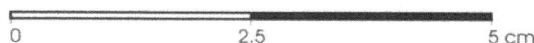

Análisis contextual:

Los tres objetos descriptos (N° 4, 8 y 20) forman parte de una agrupación de cultura material vinculada al sector sur de la unidad-habitación del sitio -sobreelevado 0.2 m respecto al sector norte de la misma-, que Assandri (1991) denominó concentración "B" (ver las concentraciones de cultura material en Figura 2). Este sector sur de la habitación, lo conforma un espacio abierto, que sería equivalente, según la misma autora, a las galerías de los sitios Martínez 2 y Martínez 4 (cuya descripción se ofrece más adelante) y probablemente también a los "sitios cubiertos" o "cobertizos" de Alamito (Assandri 1991). Además de esta concentración de materiales, detallamos otras dos concentraciones de cultura material que se agruparon en este sector, todo lo cual nos brinda un panorama general del material encontrado en el área en donde se hallaron los

25

tres objetos metálicos descriptos.

En la concentración "A" se encontraron dos vasijas grandes ordinarias alisadas, y otra vasija de pasta ordinaria con decoración modelada y pintada, con la representación de un personaje con una nariz modelada en "gancho hacia arriba", portando armas y un escudo en ambas manos. También se hallaron discos de cerámica, una estatuilla zoomorfa representando un felino -también de cerámica-, un fragmento de punzón de hueso, un fragmento de tubo de cerámica pulido, planchas de mica y dos panes de pintura roja. La concentración "B" presente en este sector, está conformada por fragmentos de una vasija ordinaria alisada roja, con la boca de sección ovalada, quemada posteriormente a su rotura; fragmentos de una vasija ordinaria de grandes dimensiones; lajas de pizarra con un borde con filo; una cuenta de collar de molusco de forma subcircular de 10 mm de diámetro; y discos de cerámica, desde los 20 hasta los 50 mm, interpretados alternativamente como tapas de hornillos de pipa o "fichas de juego". Es en esta concentración donde se ubican además, como dijimos, los tres objetos de metal descriptos. En la concentración "C" se halló una cuenta de collar de concha, una olla fragmentada calceiforme ordinaria, pequeñas planchas de mica, un pulidor de piedra, una piedra de honda y numerosos tiestos cerámicos, ente los que sobresalen los tipos Ordinario pulido y alisado, Negro y gris liso pulido, Negro y gris grabado, Ante liso pulido y Rojo liso pulido. Cabe mencionar también que hacia el lado exterior del muro perimetral sobre el que se disponen estas concentraciones, se encontró una gran cantidad de fragmentos cerámicos descartados. Todos estos elementos llevaron a plantear que en este sector se desarrollaron actividades artesanales vinculadas con la producción cerámica. En este contexto productivo se incorporan el fragmento de valva de pinza –objeto N° 20-y los objetos N° 4 y N° 8, cinceles. Los rasgos formales (morfología y dimensiones) de estos dos últimos objetos, junto a sus características técnicas, sugieren que fueron planificados para ser empleados en alguna actividad destinada a desbastar, sustraer mecánicamente y por la acción de un filo, materia de otros sólidos, como cerámica, madera, piedra y/ o metal. Ambos objetos están vinculados a este contexto de producción artesanal de cerámica, participando en el mismo, probablemente a través del grabado de piezas de alfarería y en el rebajado y/ o desbaste en el modelado de algunas vasijas. El énfasis en la participación de estos objetos en la producción cerámica se da principalmente a partir de su vinculación con los panes de pintura –para la decoración de las piezas-, las pequeñas planchas de mica –usada como antiplástico-, el punzón de hueso, pulidores y los fragmentos de tiestos fracturados intencionalmente, cuya finalidad pudo haber sido la de su incorporación como antiplástico en la fabricación de la pasta de las piezas de cerámica.

Objeto N° 2

Es un fragmento de instrumento alargado, de 41.8 mm de largo y 4.1 mm de ancho máximo, con sus caras planas y con uno de sus extremos en punta y el otro fracturado, con cuerpo de sección cuadrangular, características todas que proponen su uso como cincel. Está muy corroído, con una pátina oscura y con gránulos verdosos que cubren zonas puntuales de la pieza. Al objeto se le efectuaron análisis metalográficos en el IMAE y análisis de composición química en la CONEA. Los resultados de los análisis metalográficos muestran el sometimiento de la

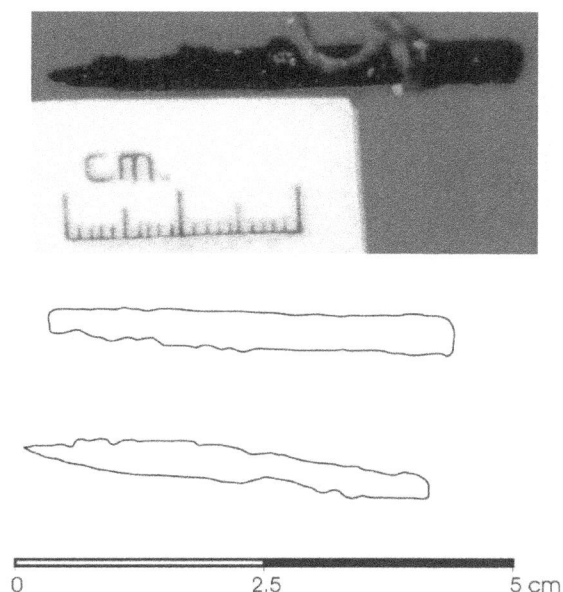

Figura 6

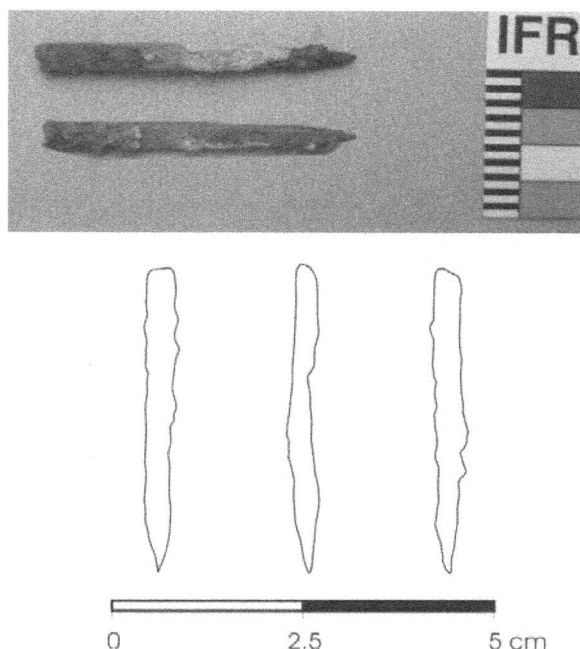

Figura 7

pieza a deformación plástica, principalmente longitudinal, y maclas y bandas de desliza-miento como producto de la recristalización[1]. Los análisis de fluorescencia de rayos X y EDAX aplicados sobre este objeto dieron los siguientes resultados, indicando la utilización de cobre arsenical en su confección:

Fluorescencia de Rayos X			EDAX			
Cu	As	Pb	Cu	As	Al	Cl
99.9 %	<0.1 %	---	99.18 %	---	0.8 %	---

Objeto N° 4b

Es un instrumento alargado de 41.6 mm de largo, 4.5 mm de ancho máximo y 2.9 mm de espesor, con sus lados planos, uno de sus extremos terminado en punta y el otro romo. Este extremo se encuentra fracturado y está muy corroído, cubierto casi en su totalidad por una pátina verde oscura. Por su morfolo-gía, el objeto parece tratarse de un cincel que pudo haber estado enmangado. A la pieza se

le efectuaron análisis de composición química en la CONEA. Los análisis de fluorescencia de rayos X y EDAX aplicados sobre este objeto indicaron el uso de cobre arsenical en su con-fección, dando los siguientes resultados:

Fluorescencia de Rayos X			EDAX			
Cu	As	Pb	Cu	As	Al	Cl
98 %	1.4 %	---	---	---	---	---

Objeto N° 36

Es un instrumento alargado, de 67.2 mm de largo, 6 mm de ancho máximo y 2.9 mm de espesor. Posee uno de sus extremos achatado y más ancho que el resto del cuerpo de la pie-za, y el otro con la punta más aguda y roma. El objeto está muy corroído, con una pátina verdosa que cubre casi la totalidad de la pieza, granulosa en el extremo que termina en punta roma. Por sus características parece tratarse de un cincel, que pudo haber estado enmangado, aunque el estado de corrosión que presenta la pieza torna improbable una caracterización segura en este sentido. Al objeto se le efectuó

---

1 Para la lectura del informe técnico completo ver Apéndice 1.

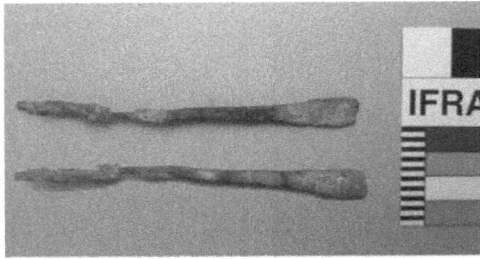

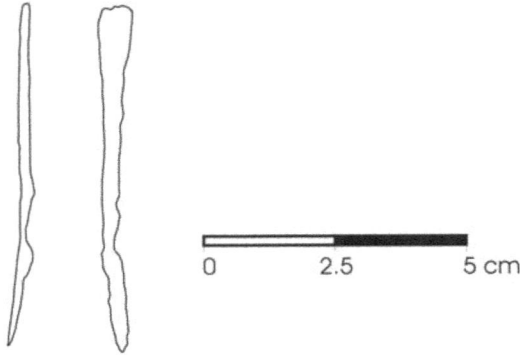

Figura 8

análisis de composición química en la CO-NEA. Los análisis de fluorescencia de rayos X y EDAX aplicados sobre este objeto dieron los siguientes resultados, indicando la utilización de cobre arsenical en su confección:

Fluorescencia de Rayos X			EDAX			
Cu	As	Pb	Cu	As	Al	Cl
99.9 %	< 0 . 1 %	---	97.8 %	2.16 %*	---	---

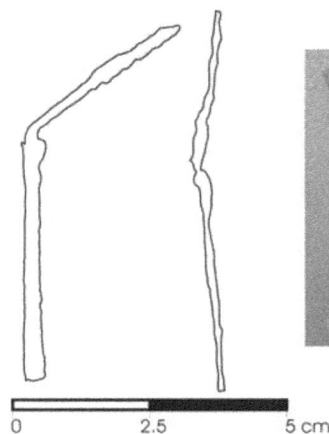

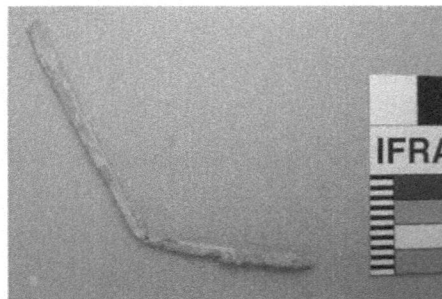

Figura 9

G. Espósito

* Son valores promedio de varias mediciones, en la misma zona sin pátina.

Objeto N° 14

Es un fragmento de lámina de 22 mm de largo y 20 mm de ancho máximo, habiendo formado, probablemente, parte de una pinza.

Objeto N° 1

Es un instrumento alargado de 80.2 mm de largo, 3.9 mm de ancho máximo y 2.5 mm de espesor. Se encuentra doblado en la mitad de su cuerpo, casi fracturado, y está en avanzado estado de corrosión, evidenciado por la oxidación casi total del objeto, cubierto completamente por una pátina pulverulenta color verde claro. Aún así, las características morfológicas de la pieza permiten indicar que se trata de un cincel. Este objeto no forma parte de ninguna de las concentraciones de materiales interpretadas para el sitio Martínez 1, y apoya sobre el piso de ocupación en el sector norte de la habitación.

Análisis contextual:

Estos objetos se hallaron asociados al piso de ocupación en el sector norte de la unidad-

28

habitación de Martínez 1. Este sector de la habitación –que como dijimos posee un desnivel de 0.2 m. por debajo del sector sur de la misma- habría estado techada, estimación efectuada a partir de los restos de techos que se encontraron en esta área, y por la presencia de una estructura central de sostén de poste. En este sector también se establecieron tres concentraciones de cultura material, "D", "E" y "F" (Assandri 1991), en dos de las cuales se disponen objetos elaborados en metal –D y F- (ver las concentraciones de cultura material en la Figura 2). No obstante incluimos en nuestro análisis las tres agrupaciones de cultura material, puesto que nos permite afinar una caracterización detallada de los contextos de uso de los objetos metálicos. Los objetos N° 2, 4 y 36, cinceles, que aparecieron en el sector sur de la habitación, forman parte de una de las concentraciones de materiales, la denominada concentración "D". Esta concentración está próxima a la estructura de poste formada por cuatro grandes piedras calzadas con otras más pequeñas, y la conforman, además de las tres piezas de metal descriptas, los siguientes objetos: una espátula de hueso confeccionada sobre un hueso largo de camélido, un pulidor de piedra, restos de una vasija grande del tipo ordinario similar a la del sector sur, y una pequeña escudilla subglobular de ante liso pulido de 70.5 mm de altura. La concentración "E" no agrupa objetos de metal y la conforman fragmentos de escudillas que se pudieron reconstruir, una vasija Ante pulida, un hornillo de pipa con decoración modelada y pintada, fragmentos de una vasija grande ordinaria alisada, un fragmento de tubo de pipa y parte de otro hornillo de pipa. Además, se encontraron tres espátulas de hueso y un pulidor para cerámica del mismo material, un tortero de piedra y lajas de pizarra con filo. Por su parte, el objeto N°

14 (lámina) forma parte de la concentración "F", conformada, además del objeto de metal, por una espátula de hueso confeccionada sobre una escápula de camélido, una lanzadera de telar de hueso, un pan de pintura roja, dos cuentas de collar de concha subcirculares y fragmentos cerámicos de los tipos Ordinario alisado y pulido, Negro y gris liso pulido, Negro y gris grabado y Ante liso pulido. El objeto N° 1, también un cincel, no se agrupó en ninguna de las concentraciones descriptas, hallándose sobre el piso de ocupación cercano a la pared del sector, espacialmente vinculada al resto de los objetos descriptos para el sector norte de la habitación. En líneas generales, este sector de la habitación presenta diferencias con el sector sur de la misma, pues es en el único lugar en donde, asociadas al piso de ocupación, se hallaron escudillas de pasta muy fina y decoradas y vasijas lisas pulidas. Por la manera en que se distribuyen las concentraciones de material dentro de la habitación y por la composición de las mismas, se interpretó este sector de Martínez 1 como un lugar en donde se guardaban instrumentos de trabajo como las espátulas, cinceles, pulidores, pintura, etc., y probablemente se almacenaban productos para el consumo por la presencia de vasijas grandes, aunque es de suponer también que estas vasijas sean piezas terminadas y en depósito, aún sin usar (Assandri 1991: 70).

La relación entre el sector norte de la habitación y el área abierta del sector sur, se daría de la siguiente manera: en el sector norte, techado y sin luz, se guardan los implementos utilizados en las tareas artesanales desarrolladas en el sector sur del sitio, área abierta en donde se llevan a cabo las actividades relacionadas con la producción cerámica. La cantidad y diversidad de instrumentos vinculados con esta actividad son notables en comparación con los demás sitios excavados en el valle de Ambato: de los ocho implementos de metal encontrados en este sitio, seis corresponden a cinceles, uno a un fragmento de pinza y el restante a un fragmento de lámina que pudo haber formado parte también de una pinza.

Objeto N° 12 (a y b)

Son dos fragmentos de objetos (a y b). El fragmento "a" mide 20.9 mm de largo y 11.8 mm de ancho máximo. Es una figura felínica recortada, confeccionada sobre una lámina de metal. Presenta características antropomórficas, observables a partir de la presencia de dos piernas humanas. De las piernas hacia arriba, se observa el angostamiento correspondiente al cuello, sobre el cual se desarrolla una especie de calado en forma oval, alargado, que pasa de un lado a otro de la pieza. También en el sector de la "cabeza" de la figura, hay una serie de puntos grabados, y hacia la mitad inferior del cuerpo se observan tres líneas grabadas a cada lado, que quizás representen garras o manos. Cerca de los hombros, el objeto posee dos pequeños agujeros pasantes, aunque no se puede concluir su función concretamente, habiendo formado parte probablemente de algún objeto ornamental. El objeto se halla fracturado a la altura de las piernas, y lo recubre una pátina verde oscura, producto de la corrosión que sufre la pieza. El fragmento "b" mide 18 mm de largo y 10.7 mm de ancho máximo. Se trata de un segmento de objeto realizado sobre una lámina de metal, semejante al fragmento "a", aunque no se puede reconstruir su forma original debido al estado de deterioro por oxidación en que se encuentra la pieza. Según el informe de los análisis de composición química que se realizaron sobre ambos fragmentos en

la CONEA, se estima que los mismos hayan sido confeccionados en iguales circunstancias debido a sus similares composiciones químicas y características técnicas de elaboración. Los análisis de fluorescencia de rayos X y EDAX aplicados sobre el fragmento "a" dieron los siguientes resultados, indicando la utilización de cobre arsenical en su confección:

Fluorescencia de Rayos X			EDAX			
Cu	As	Pb	Cu	As	Al	Cl
94 %	5 %	---	---	---	---	---

Por su parte, los análisis de fluorescencia de rayos X y EDAX aplicados sobre el fragmento "b" indicaron que el objeto fue confeccionado utilizando cobre arsenical, y arrojaron los siguientes valores:

Fluorescencia de Rayos X			EDAX			
Cu	As	Pb	Cu	As	Al	Cl
94 %	5 %	---	---	---	---	---

Análisis contextual:

Ambos fragmentos se encontraron en el llamado montículo- basurero del sitio Martínez

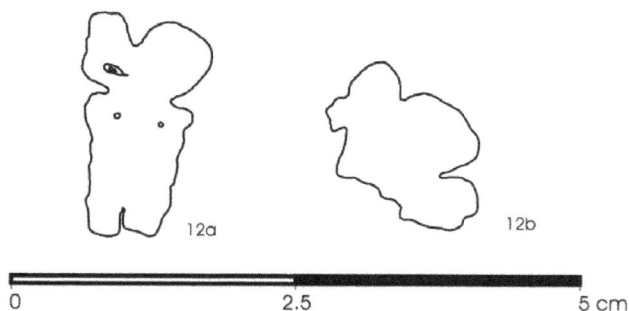

Figura 10

1, distante unos 28 metros al este de la unidad- habitación descripta. Del único sondeo estratigráfico realizado a este montículo[2] (ver Figura 2) se obtuvieron, además de los fragmentos de objetos metálicos, una fuente de piedra, tres cuentas de collar, material óseo y numerosos fragmentos cerámicos (Assandri 1991). Los fragmentos cerámicos hallados en el montículo corresponden a los tipos: Negro-gris grabado -predominando las escudillas-; Gris inciso; Negro pintado; Rojo pintado; Negro y Blanco pintado sobre rojo –los tres últimos de pasta ordinaria-; Negro sobre rojo pulido; Negro sobre ante; Blanco sobre rojo –los tres últimos de pasta fina, homogénea, de superficie pulida-; y fragmentos sin decoración de los tipos Negro y gris liso pulido; Rojo liso pulido; Ante liso pulido –los tres de pasta homogénea, antiplástico fino y superficie pulida o muy pulida-; y Ordinarios pulidos o alisados, de pasta granulosa con antiplástico mediano de fractura irregular y abundante mica. Las formas predominantes son las escudillas en Negro- gris grabado y Negro y Gris liso pulido; las vasijas complejas troncocónicas –típicas de Ambato-; y las vasijas complejas, grandes, toscas y pintadas, con base redondeada. También confeccionados en cerámica se encontraron fragmentos de estatuillas antropomorfas y zoomorfas y discos de cerámica -tapas de hornillos de pipas o "fichas de juego"-. De los tipos cerámicos mencionados, predominan el Negro y Gris liso pulido (693 fragmentos, 28.84 %), y Negro- gris grabado (238 fragmentos, 9.43 %), que en muchos casos forman parte de la misma pieza: 931 fragmentos (38.27 %) sobre 2447 fragmentos recuperados. En el tipo Negro-gris grabado hay motivos "Aguada" (felinos y figuras antropomorfas) y motivos Ciénaga

(caras triangulares y romboidales con tocados o cabelleras, camélidos felinizados y motivos geométricos). Entre estos motivos grabados predominan las formas geométricas como las guardas, grecas y triángulos, típicas del valle de Ambato (Assandri 1991).

De hecho, la caracterización del montículo como "basurero", es una de las hipótesis que se barajan a la hora de interpretar estas acumulaciones sucesivas de material arqueológico, dispersas en todo el valle en asociación a unidades residenciales. En el caso de los sitios Los Martínez, los montículos parecen disponerse espacialmente por fuera de los ámbitos de interacción social cotidiana, aunque los objetos depositados en estas acumulaciones positivas remitan a las vinculaciones y modificaciones sociales para con la naturaleza.

Sitio Martínez 2 (ScatAmb 002)

El sitio Martínez 2 (Figura 11) se caracteriza por un muro perimetral de pirca doble que delimita los recintos, dos sectores con habitaciones separadas por un patio y galerías adosadas: tres habitaciones en el sector oeste y cuatro habitaciones en el sector este (Juez 1991). Unos cuarenta metros hacia el norte de este sitio se encuentra Martínez 4, sitio que describiremos más adelante, cuyas técnicas constructivas y materiales arqueológicos son similares a las del sitio Martínez 2, lo cual ha significado que se lo integre a aquél espacial y temporalmente (Herrero y Ávila 1991; Juez 1991). De las tres habitaciones del sector oeste del sitio Martínez 2, dos de ellas fueron excavadas, y es en este sector en el que nos centraremos, pues es en el que se encontró el único objeto de metal hallado en el sitio. En la habitación N° 1, se encontró una estructura circular de piedras de

---

2 Este sondeo se realizó a través de una cuadrícula de 4 m de lado, hasta alcanzar una profundidad de 0.9 m.

0.6 m de diámetro y 0.15 m de altura que contenía restos de un tronco carbonizado. Al este de dicha estructura y sobre un piso encontrado a 0.9 m de profundidad, se recuperaron tres vasijas ordinarias fragmentadas, mientras que al sur de la misma se halló otra vasija similar mezclada con restos óseos humanos –un cráneo muy fragmentado con algunas partes quemadas y una pelvis-. Al oeste de la estructura circular se halló otra vasija ordinaria grande fragmentada, asociada a un cráneo humano fragmentado con algunos elementos quemados, huesos largos de tres individuos de diferente edad –dos fémures, una tibia, un húmero, un cúbito y un radio-, metacarpos y fragmentos de costillas. Juez (1991) remarca que parte de la apófisis craneal presenta huellas de fractura intencional, como un "rebanado" producido por un elemento cortante, efectuado con anterioridad a que el hueso se quemara. Dispersos sobre el piso se encontraron, además, diversos fragmentos cerámicos de los tipos Negro sobre

ante; Negro y crema sobre ante; Negro sobre engobe rojo; Negro sobre ante pulido –éstos del tipo "Ciénaga"-; y restos de cuatro escudillas Negras grabadas de contorno compuesto, con diversas formas de representaciones de felinos, cuerpos serpentiformes con manchas felínicas, y felinos cuyas extremidades terminan en otras cabezas, todos ellos motivos característicos de "Aguada Ambato" (Juez 1991).

Como vimos en la tabla de la cronología del valle en el capítulo 3, contamos con tres fechados del sitio Martínez 2. En el sector este del sitio, se observa el resultado de 1510 ± 70 años C14 AP; y en el sector oeste, 990 ± 70 años C14 AP (muestra de enramada del techo) y 1690 ± 80 años C14 AP (poste).

En la habitación N° 2 del sector oeste de Martínez 2, se ubicaron, también asociadas a un piso consolidado hallado a 0.9 m de profundidad, cuatro concentraciones de material

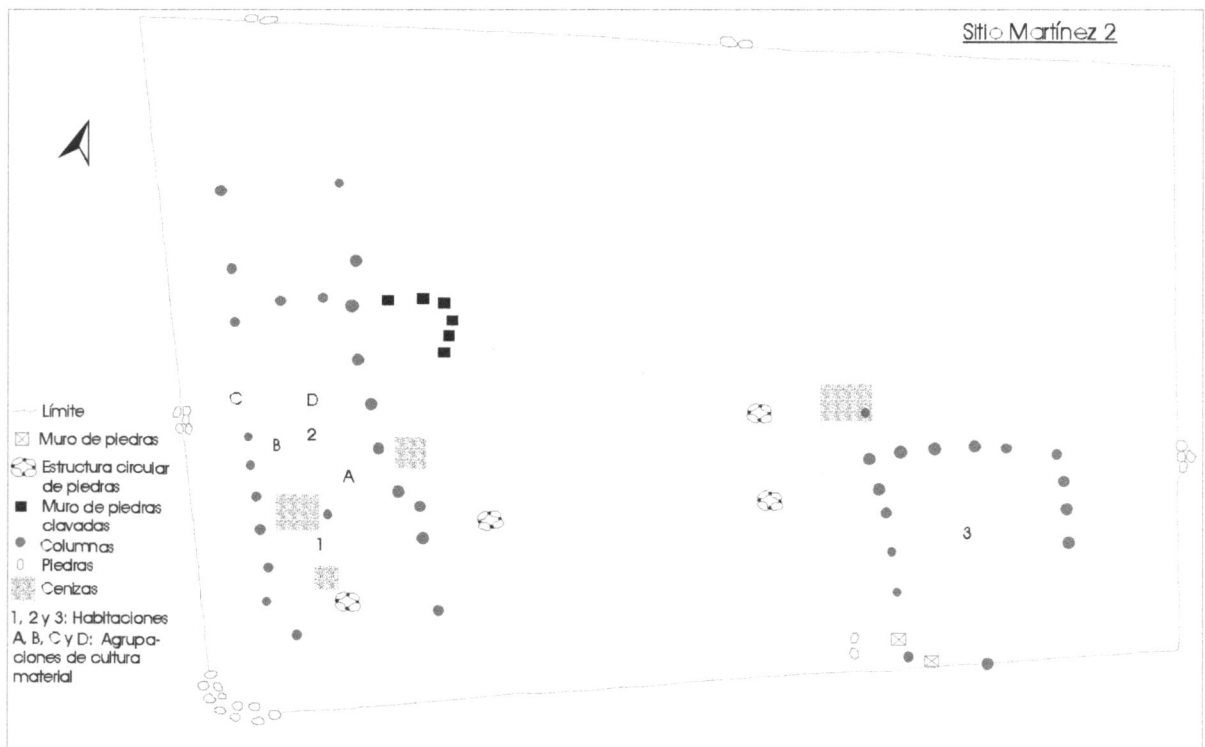

Figura 11: Plano del sitio Martínez 2 (calcado del original en Juez 1991)

arqueológico (ver concentraciones de cultura material en Figura 11), en una de las cuales se encontró el objeto de metal hallado en el sitio. Describiremos en primer lugar este objeto, para pasar luego a la caracterización del contexto, incorporando al análisis las cuatro concentraciones de materiales arqueológicos interpretadas para Martínez 2.

Objeto N° 85

Es un instrumento alargado, de 70 mm de largo, 3.5 mm de ancho máximo y 2.2 mm de espesor. Presenta uno de sus extremos achatados, mientras que el extremo opuesto se presenta aguzado, pudiendo la pieza, probablemente un cincel, haber estado enmangada. Está prácticamente entero recubierto por una pátina granulosa verde oscuro y turquesa oscuro debido al proceso de oxidación que presenta la pieza. Al objeto se le efectuaron análisis de composición química en la CONEA. Los análisis de fluorescencia de rayos X y EDAX aplicados sobre este objeto dieron los siguientes resultados, indicando la utilización de cobre arsenical en su confección:

Fluorescencia de Rayos X			EDAX			
Cu	As	Pb	Cu	As	Al	Cl
96 %	3.1 %	--	--	--	--	--

Análisis contextual:

Este objeto de metal se halló en la denominada concentración "A" de la habitación N° 2 del sitio Martínez 2 (ver concentraciones de cultura material en Figura 11) A la concentración la conforman también tres vasijas cuyos fragmentos se mezclan con restos óseos humanos (pelvis y falanges) y de camélidos (extremidades). Las tres vasijas corresponden a una ordinaria alisada de borde evertido, otra de similares características pero de base plana, y una gris lisa pulida. Hay, además, tres pequeñas lajitas (filita) con retoques, un núcleo de cuarzo blanco, trozos de mica, un pan de arcilla cruda, y un pequeño pan de pintura blanca. Atendiendo a la necesidad de reconstrucción contextual que nuestro objetivo requiere, describiremos las otras tres concentraciones de cultura material que se interpretaron en el piso del recinto, a fin de acceder a una escala aún mayor –la del recinto-, que nos permita caracterizar más

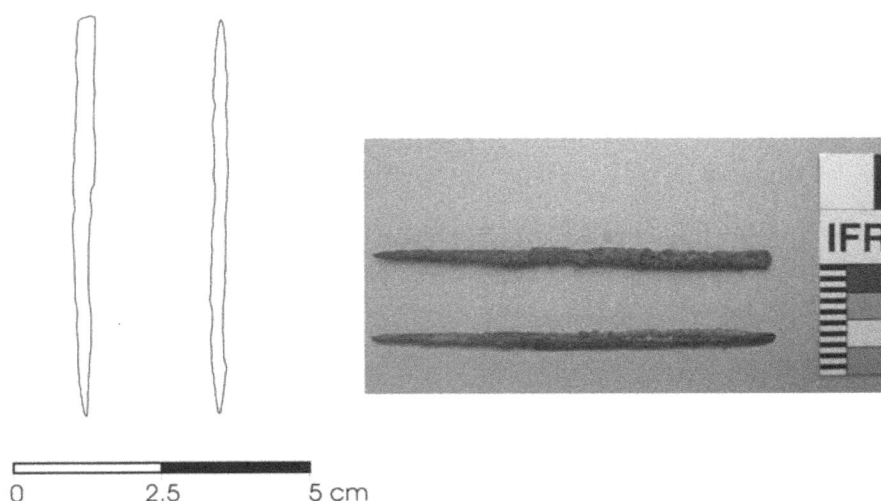

0   2.5   5 cm

Figura 12

33

detalladamente las prácticas que allí pudieron desarrollarse. La concentración "B", en el ángulo suroeste de la habitación, consta de dos vasijas grandes del tipo Negro y blanco sobre rojo, mezcladas con fragmentos de huesos humanos y de camélidos, algunos con huellas de descarne y con posible fractura intencional. Los huesos humanos identificados consisten en parte de una pelvis con huella de descarne, una falange, un carpiano o tarsiano y fragmentos de costillas. La concentración "C", se compone de fragmentos de una vasija grande del tipo Negro y blanco sobre rojo, asociados a restos óseos humanos de dos individuos de diferente edad -un fémur de adulto con huellas de descarne y un peroné de niño y varias costillas- y de camélidos, algunos con posible fractura intencional. Hay también un apéndice de cerámica similar a la "nariz de gancho hacia arriba". Por último, la concentración "D" posee piezas óseas humanas y de camélidos y fragmentos de una vasija grande ordinaria alisada. Los huesos humanos son un peroné y una tibia de niño, tres carpianos o tarsianos, uno de los cuales presenta posibles huellas de descarne, y un fragmento de pelvis. Todos los huesos de camélidos presentan huellas de descarne. De la asociación del pan de pintura blanca, los restos de mica, el pan de arcilla cruda y el cincel de metal que describimos, se dedujo que en este sector se almacenaron materias primas e instrumentos relacionados con la confección y decoración de la alfarería (Juez 1991). Sin embargo, creemos que este sitio presenta características que lo distinguen de Martínez 1 -también, como vimos, vinculado al almacenaje y producción de alfarería-, por la asociación de estos elementos con huesos de camélidos y humanos, con huellas de descarne, y aún una apófisis craneal humana con huellas de una fractura intencional producida por un elemento cortante, que bien

pudo haber sido de metal. La presencia de estos huesos humanos en el interior del ámbito doméstico de la unidad- habitación, mezclados con huesos animales y fragmentos de grandes ollas ordinarias, nos habla de prácticas específicas llevadas a cabo en un ámbito cotidiano de interacción social, en el que se implicó significativamente a la muerte en forma de evocación sacrificial. Este escenario, no obstante, se encuentra espacialmente vinculado a una esfera productiva artesanal, o al menos a elementos vinculados con ésta, enfatizada por la asociación de los diversos elementos oportunamente mencionados -tres pequeñas lajas de filita con retoques, un núcleo de cuarzo blanco, trozos de mica, un pan de arcilla cruda y un pequeño pan de pintura blanca-. La singularidad de este contexto, similar al que oportunamente desarrollaremos en el acápite del sitio Martínez 4, ya fue ilustrada en otras oportunidades (Cruz 2000; Juez 1991; Pérez Gollán 1991). Los restos óseos –cuyos análisis arrojaron un número mínimo de 7 individuos de los cuales un mayor porcentaje presenta caracteres sexuales femeninos- se hallan mezclados, sin conexión o asociación anatómica ni formando individuos completos, asociados como vimos a grandes vasijas ordinarias, huesos de camélidos y elementos utilizados en la producción de alfarería. Por haberse hallado asociados a rellenos post-deposicionales producto del derrumbe de muros y techos, una interpretación de estos huesos se dirigió a suponerlos depositados en banquetas, insertados en los muros o bien suspendidos de los postes y techos del recinto (Cruz 2000). Este entendimiento, se articula a la interpretación de estos contextos como montajes de *reliquias*, restos sacrificados en otros lugares y que fueron depositados y conservados en el interior de la casa como elementos rememorativos, que "engendran una devoción a un antepasado particular o bien un personaje jerarquizado por la sociedad que se manifiesta después de la muerte como un intermediario entre lo humano y lo divino" (Cruz 2000: 10). Sin embargo, la dislocación y desarticulación anatómica que presentan los huesos humanos, siembran la duda en cuanto a la afiliación que pudieron haber tenido estos huesos con antepasados individualizados, particularizados. Por un lado, se dejan de lado en la interpretación a los huesos de camélidos que también aparecen dislocados, desarticulados, quemados y descarnados formando parte del mismo contexto, y, además, éste parece responder, más que a una intención de pretender evocar a un individuo, a una práctica destinada a colectivizar anónimamente y en forma conjunta, a estos huesos humanos y a estos huesos de animales.

Sitio Martínez 3 (ScatAmb 003)

Consiste en un montículo artificial (Ávila y Herrero 1991) (Figura 13), de 2 m de altura y de aproximadamente 35 m de diámetro, compuesto por una acumulación de diversos materiales arqueológicos, entre los que destacan por su representatividad la cerámica (más de 5000 fragmentos), además del material óseo y lítico. Presenta tres niveles naturales con diferencias en la coloración y composición de sus sedimentos, no identificándose pisos ni niveles consolidados con materiales asociados. El nivel N° 1 –superior– está formado por humus y sedimentos de color marrón, el nivel N° 2 por sedimentos de color gris, cenizas y restos de carbón y mazorcas quemadas, y en el nivel N° 3 –inferior– se observa un predominio de sedimentos de color castaño claro, disminuyendo la presencia de cultura material. Con respecto a la cerámica recuperada del sitio, se determinó la presencia de material "Ambato"

a partir de las capas medias, en el nivel N° 2, y modalidades alfareras locales equivalentes a Condorhuasi- Alamito y Ciénaga en las capas inferiores. A partir de estos elementos cerámicos, se interpretaron dos momentos en la historia del depósito. El sitio estuvo ocupado desde el formativo, en contemporaneidad con Alamito y con las ocupaciones ocurridas en el piedemonte occidental de la sierra de la Graciana (Ávila y Herrero 1991). La aparición en las capas superiores de la cerámica Negra y gris grabada en asociación con Ciénaga y Condorhuasi- Alamito, indica que algunas de estas formas, como los tipos Negro gris inciso, Negro sobre ante y Ante liso pulido, perduraron y coexistieron con las nuevas modalidades alfareras propias de ese ámbito durante el denominado Período de Integración Regional: la cerámica Negro y gris grabada y Negro- gris lisa de Ambato.

El fechado obtenido para este sitio, como pudimos ver en la tabla con la cronología del valle en el capítulo 3, fue realizado sobre ramas y dio un resultado de 1700 ± 60 años C14 AP.

Objeto N° 60

Es un instrumento alargado de 63.7 mm de largo, 7.3 mm de ancho máximo y 0.7 mm de espesor, con uno de sus extremos en forma de cuña. Presenta ambas caras planas con gran simetría, su superficie es alisada y se encuentra en muy buen estado de conservación, recubierto por una pátina prácticamente negra y uniforme, que deja ver líneas de deformación de la pieza, un cincel. Al objeto se le realizaron análisis de composición química en la CONEA. Los análisis de fluorescencia de rayos X y EDAX aplicados sobre este objeto indicaron que se compone de cobre arsenical, arrojando

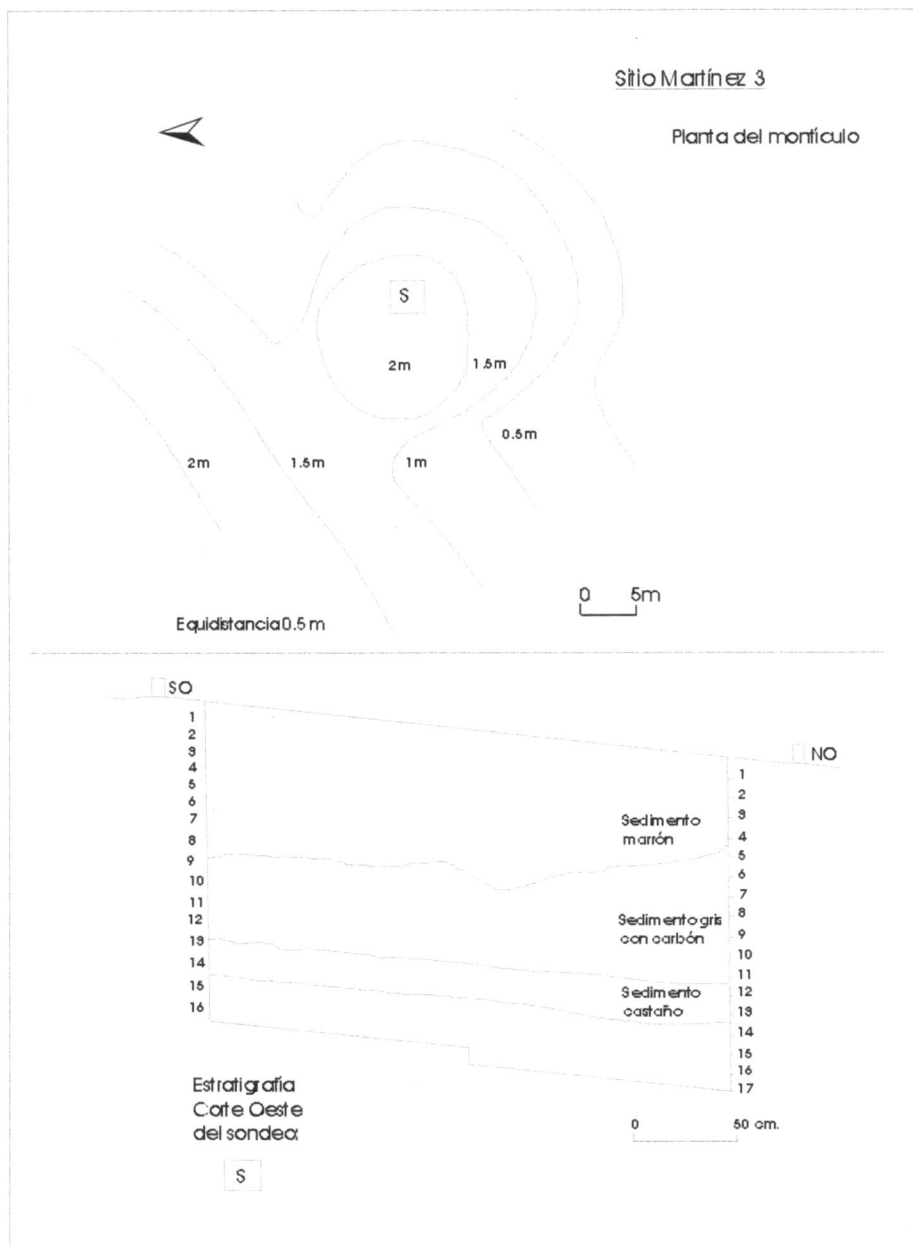

Figura 13: Plano y corte del sitio Martínez 3 (calcado del original en Ávila y Herrero 1991)

los siguientes valores:

Fluorescencia de Rayos X			EDAX			
Cu	As	Pb	Cu	As	Al	Cl
96 %	3.5 %	---	94.6 %	2.8 %*	3.1 %	---

* Son valores promedio de varias mediciones, en la misma zona sin pátina.

Objeto N° 83

Es un instrumento alargado de 97.7 mm de largo, 7.3 mm de ancho máximo y 2.3 mm de espesor. Posee uno de sus extremos en punta y el otro achatado y deformado, con posibles huellas de percusión. Longitudinalmente, el cuerpo de la pieza está conformado por cuatro caras planas que se van angostando de un extremo al otro, en el que pudo haberse enmangado el objeto, un cincel. A la pieza se le efectuaron análisis de composición química en la CONEA. Los análisis de fluorescencia de rayos X y EDAX aplicados sobre este objeto dieron los siguientes resultados, indicando la utilización de cobre arsenical en su confección:

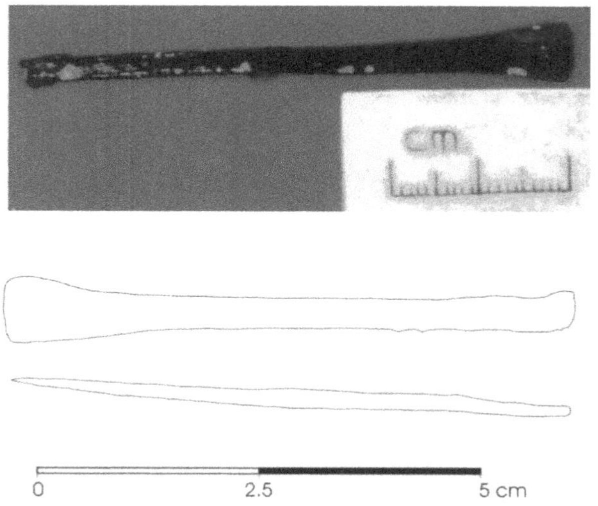

Figura 14

Fluorescencia de Rayos X			EDAX			
Cu	As	Pb	Cu	As	Al	Cl
96 %	3.7 %	---	---	---	---	---

Objeto N° 84

Es un instrumento alargado de 93.1 mm de largo y 5.7 mm de ancho máximo. Posee el cuerpo de sección cuadrangular, conformado por cuatro caras planas, con un extremo achatado y el otro en punta, en el que el objeto pudo haber estado enmangado. Por sus características técnicas y morfológicas, parece tratarse de un cincel, muy similar al objeto N° 83. A la pieza se le efectuaron análisis de composición química en la CONEA. Los análisis de fluo-

rescencia de rayos X y EDAX aplicados sobre este objeto indicaron que fue confeccionado utilizando cobre arsenical, y arrojaron los siguientes valores:

Fluorescencia de Rayos X			EDAX			
Cu	As	Pb	Cu	As	Al	Cl
95 %	4.2 %	---	---	---	---	---

Los tres instrumentos graficados provienen de la capa 3 del montículo, 1° nivel (ver Figura 4)

Objeto N° 86

Es un anillo de 18.3 mm de diámetro máximo, 22.2 mm de ancho máximo y 1 mm de espesor. La pieza se encuentra en muy mal estado de conservación, recubierto por una pátina negruzca y con zonas puntuales verdosas. El objeto está fracturado en ambos extremos, a la vez que se encuentra casi quebrado al medio. Presenta dos sectores donde la pátina fue removida debido a los análisis de composición química que se le efectuaron a la pieza en la CONEA. Los análisis de fluorescencia de rayos X y EDAX aplicados sobre este objeto dieron los siguientes resultados, indicando la utilización de cobre arsenical en su confección:

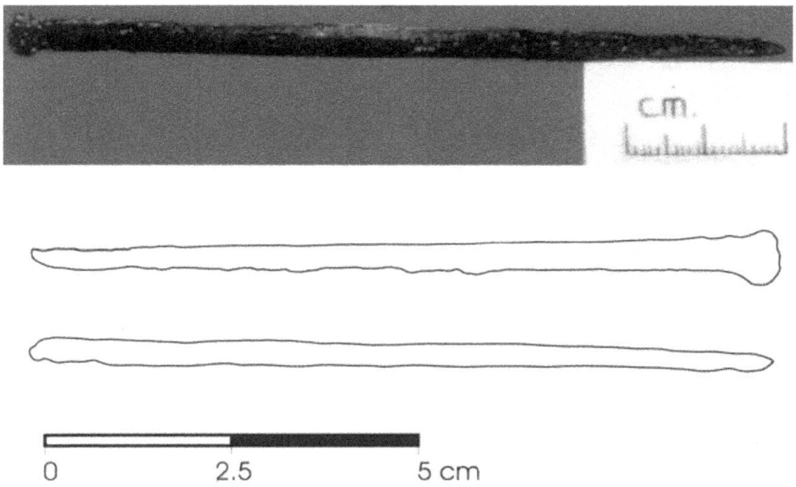

Figura 15

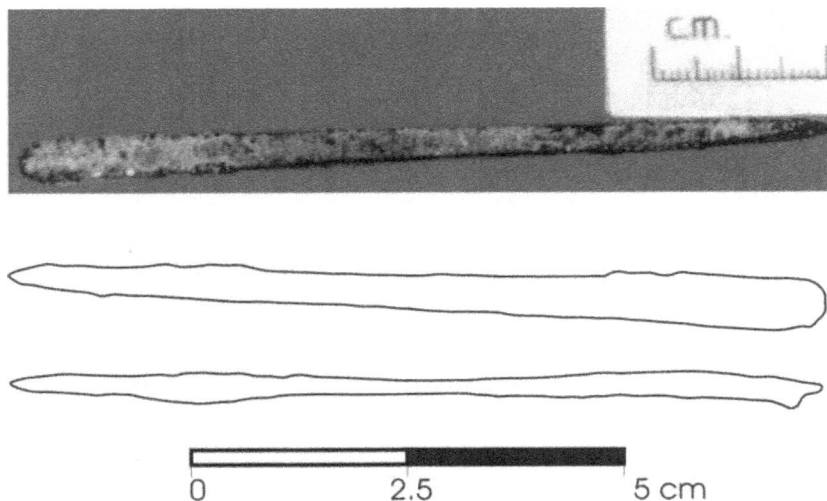

Figura 16

Fluorescencia de Rayos X			EDAX			
Cu	As	Pb	Cu	As	Al	Cl
96 %	3.6 %	---	---	---	---	---

Este objeto se halló en la capa 10 del montículo, 2° nivel (ver Figura 13)

Objeto N° 89

Es un fragmento de instrumento de 20.9 mm de largo y 2.17 mm de ancho máximo, probablemente parte de una pinza, perteneciente al área de sujeción del objeto y con una pequeña parte de las valvas, con gran simetría en su morfolo-

gía, de un espesor muy fino. Se encuentra en mal estado de conservación, recubierto por una pátina verdosa por el proceso de oxidación que sufrió la pieza. Al objeto se le hicieron análisis de composición química en la CONEA. Los análisis de fluorescencia de rayos X y EDAX aplicados sobre este objeto arrojaron los siguientes valores, indicando la utilización de cobre arsenical en su confección:

Fluorescencia de Rayos X			EDAX			
Cu	As	Pb	Cu	As	Al	Cl
58 %	traza	---	98.5 %	---	---	0.5 %

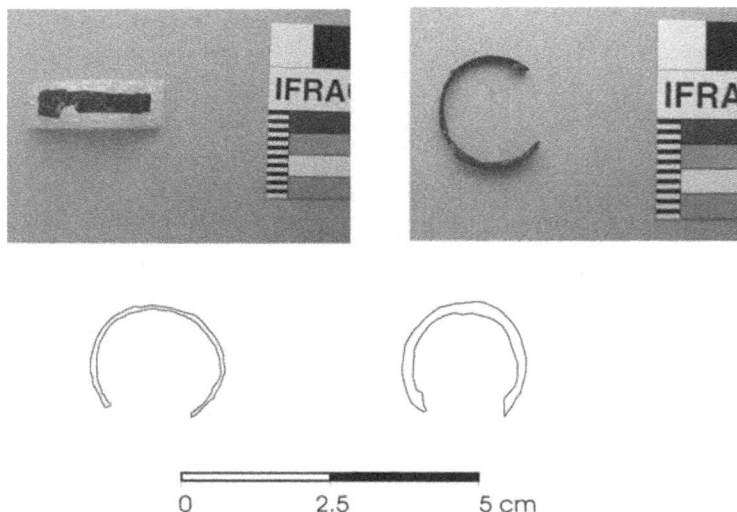

Figura 17.

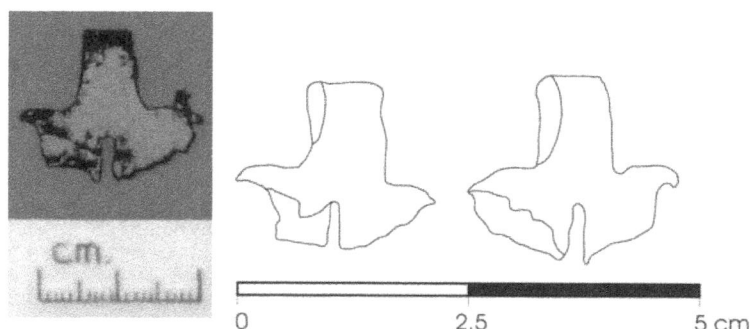

Figura 18

Este objeto proviene de la capa 4 del montículo, 1° nivel. (ver Figura 13)

Análisis contextual:

Los objetos N° 60, 83 y 84 corresponden, como especificáramos en la descripción de cada uno de ellos, a los denominados cinceles en la literatura sobre metalurgia andina prehispánica. Estos objetos, junto con el anillo y el fragmento de pinza, se hallaron en las capas medias y superiores del montículo, proviniendo todos, a excepción del anillo, del primer nivel natural definido para el montículo, compuesto de humus y sedimentos de color marrón y vinculado a la aparición en la estratigrafía, de la cerámica Negra y gris grabada con motivos antropomorfos y felínicos, característica de Ambato. En estos niveles se recuperaron, además, un fragmento de hornillo de pipa con rasgos modelados de nariz antropomorfa y boca con colmillos felínicos, junto a fragmentos de un vaso-retrato Negro-gris inciso. Los tres cinceles recuperados en este montículo se hallan en muy buen estado de conservación, con claras posibilidades de uso, situación que torna dudosa la caracterización del montículo como lugar de desecho de objetos sin posibilidades de uso o reuso, y sugiere, en cambio, la posibilidad de una lógica de depositación diferente implicada en los mismos.

Sitio Martínez 4 (ScatAmb 004)

A este sitio lo conforman una unidad-habitación y un área de galería o patio que, como dijimos oportunamente, se integran espacial y temporalmente al sitio Martínez 2 (Herrero y Ávila 1991, Juez 1991) (Figura 19). El sector de habitación se delimita por paredes de barro amasado y columnas de piedras superpuestas, mientras que el área de mayor tamaño de la galería o patio se adosa hacia el este de la habitación en un sentido mayor este-oeste, estando abierto hacia el norte y existiendo probablemente otro recinto hacia el sur del patio, en un sector no excavado. En este sector se pueden haber realizado actividades vinculadas con la molienda de granos o la fabricación de alfarería, por la presencia de dos molinos planos y una mano de moler, pequeños panes de pintura roja (cuyos análisis informaron que se trataba de ocre hematítico), los dos objetos punzantes de metal que se integran a nuestro análisis, arcilla sin cocer y vasijas del tipo ordinario. Por otro lado, la mayor concentración de material cerámico Negro- gris grabado, un fragmento de tubo de pipa y vasijas grandes pintadas y modeladas, mezcladas con restos óseos humanos carbonizados –huesos largos, cráneos, mandíbulas y dientes- se hallan en el interior de la habitación, asociación que también se da, como vimos, en el sitio Martínez 2.

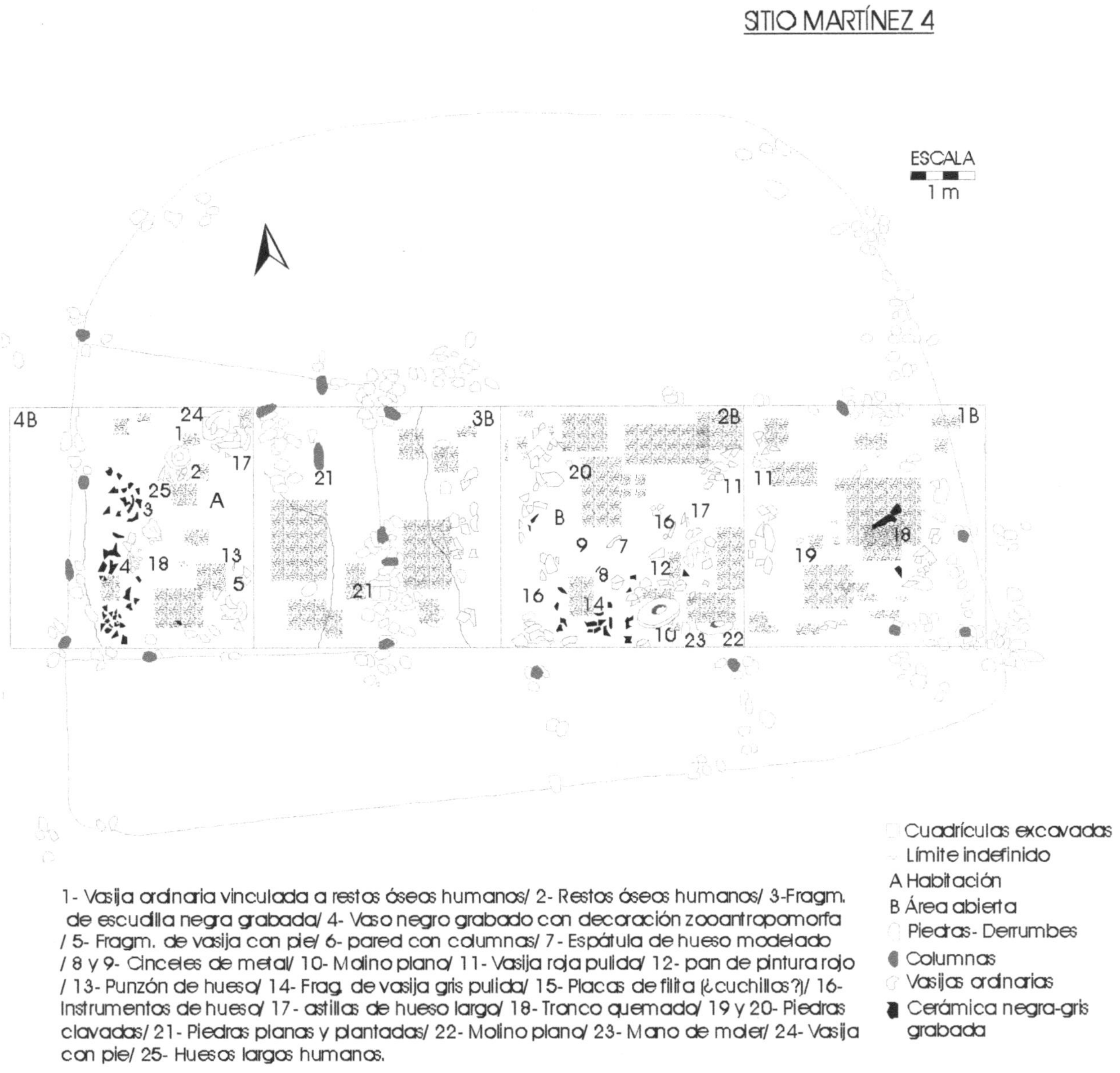
SITIO MARTÍNEZ 4
ESCALA
1 m
4B
3B
2B
1B
A
B
Cuadrículas excavadas
Límite indefinido
A Habitación
B Área abierta
Piedras- Derrumbes
Columnas
Vasijas ordinarias
Cerámica negra-gris grabada
1- Vasija ordinaria vinculada a restos óseos humanos/ 2- Restos óseos humanos/ 3-Fragm. de escudilla negra grabada/ 4- Vaso negro grabado con decoración zooantropomorfa / 5- Fragm. de vasija con pie/ 6- pared con columnas/ 7- Espátula de hueso modelado / 8 y 9- Cinceles de metal/ 10- Molino plano/ 11- Vasija roja pulida/ 12- pan de pintura rojo / 13- Punzón de hueso/ 14- Frag. de vasija gris pulida/ 15- Placas de filita (¿cuchillos?)/ 16- Instrumentos de hueso/ 17- astillas de hueso largo/ 18- Tronco quemado/ 19 y 20- Piedras clavadas/ 21- Piedras planas y plantadas/ 22- Molino plano/ 23- Mano de moler/ 24- Vasija con pie/ 25- Huesos largos humanos.

Figura 5: Plano del sitio Martínez 4 (calcado del original en Herrero y Ávila 1991)

Objeto N° 3

Es un instrumento alargado de 56.9 mm de largo, 9.6 mm de ancho máximo y 1 mm de espesor, con cuñas de pequeño espesor en ambos extremos de la pieza, de características simétricas y prolijamente terminada. Sus caras son totalmente planas y paralelas, los laterales también son planos, posee el cuerpo de sección rectangular, características que permiten indicar que se trata de un cincel. Se encuentra en muy buen estado de conservación, cubierto por una pátina negruzca. A la pieza se le realizaron análisis de composición química en la CONEA. Los análisis de fluorescencia de rayos X y EDAX aplicados sobre este objeto indicaron que se utilizó cobre arsenical en su confección, dando los siguientes resultados:

Fluorescencia de Rayos X			EDAX			
Cu	As	Pb	Cu	As	Al	Cl
77 %	1.6 %	1.6 %	97.3 %	0.98 %*	---	0.8 %

* Son valores promedio de varias mediciones,

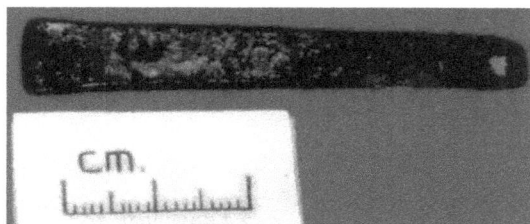

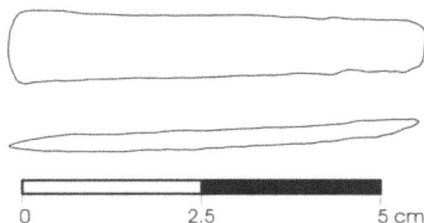

Figura 20

Figura 21

en la misma zona sin pátina.

Objeto N° 19

Es un instrumento alargado y cilíndrico, de 46.8 mm de largo y 2 mm de diámetro a lo largo de toda la pieza. Uno de los extremos del objeto es bien puntiagudo mientras que el otro se presenta más achatado, por lo que parece tratarse de un cincel, que pudo haber estado enmangado, y se halla en buen estado de conservación. El cuerpo medio de la pieza está también en buen estado de conservación, aunque cubierto completamente por una pátina oscura con gránulos y zonas puntuales verde claro. Al objeto se le efectuaron análisis de composición química en la CONEA. Los análisis de fluorescencia de rayos X y EDAX aplicados sobre este objeto arrojaron los siguientes valores, indicando la utilización de cobre arsenical en su confección:

Fluorescencia de Rayos X			EDAX			
Cu	As	Pb	Cu	As	Al	Cl
96 %	3.1 %	---	---	---	---	---

<u>Análisis contextual:</u>

Ambos objetos se encontraron, como dijimos

anteriormente, en el sector de galería o patio del sitio (ver Figura 19), integrado espacialmente a la unidad de mayor tamaño Martínez 2, presentando ambas unidades una recurrencia de asociaciones. Los dos objetos de metal de Martínez 4 son cinceles de diferentes morfología y tamaño. Estos objetos de metal se vinculan contextualmente a los panes de pintura roja, un punzón de hueso, otro instrumento de hueso, placas de filita, astillas de huesos largos, arcilla sin cocer, dos molinos planos, una mano de moler y vasijas del tipo ordinario, instrumentos que indican su uso productivo vinculado a la cerámica. No obstante, es relevante que este contexto productivo se halle dentro de los límites domésticos de una unidad residencial, como sucede en el sitio Martínez 2, en la que también se monta un escenario conformado por huesos humanos descarnados y carbonizados, material cerámico Negro y gris grabado, un fragmento de tubo de pipa y grandes vasijas pintadas y modeladas. Tal como sucede en Martínez 2, en el sitio Martínez 4 se conjugan en un mismo espacio un contexto productivo vinculado a las actividades artesanales alfareras, junto a una demarcación socialmente construida en donde los habitantes de Ambato rebanaban y descarnaban huesos humanos y luego los quemaban hasta el punto de calcinar

41

algunas partes, tal como lo demuestran los huesos largos, cráneos, mandíbulas y dientes que se hallaron carbonizados en la habitación del sitio. Desconocemos las relaciones sociales que se producían y reproducían a través de estas prácticas, ignoramos por ejemplo si eran enemigos o parientes, para el caso, las personas involucradas en las mismas. Pero lo que aparece claro es la vinculación recursiva, al menos en dos de los sitios estudiados, entre elementos utilizados en la producción alfarera relacionados a la decoración de piezas cerámicas, con prácticas probablemente rituales en las que se llevaron a cabo sacrificios humanos de niños y adultos. Cabe reiterar el carácter secundario de estas prácticas funerarias, la dispersión y desarticulación anatómica de los huesos al interior tanto de Martínez 2 como de Martínez 4, torna improbable la posibilidad de que los restos fueran originarios de prácticas funerarias primarias, aún en el caso de haber sufrido alteraciones originadas por procesos tafonómicos (Cruz 2001).

Sitio Piedras Blancas

El sitio Piedras Blancas (Figura 22) se ubica en el fondo del Valle de Ambato, en la margen derecha del Río Los Puestos. Posee un área de ocupación de 100 m en dirección este-oeste y 80 m en dirección norte-sur, con una superficie aproximada a los 8000 m², y se encuentra a 400 m al norte del sitio La Iglesia de Los Indios.

Piedras Blancas fue relevado en el año 1993 y excavado durante seis campañas, en noviembre de 1996; mayo y octubre de 1999; noviembre de 2000, mayo de 2001 y noviembre de 2004. Con fines descriptivos, se lo ha dividido en tres sectores: sector I, sector II, y un sector de transición desde el cual se accede hacia un

sector y otro a través del traspaso de un vano de comunicación de aproximadamente 7 m, del muro de cuarzo blanco que da nombre al sitio, que a lo largo de 39 m. se extiende en dirección norte-sur. El sector de transición se caracteriza como un gran espacio donde no se registraron restos en superficie de posibles estructuras, y cuyo terreno se halla deprimido en relación a los otros dos sectores. El sector I está ubicado hacia el oeste del sitio, y se caracteriza por una elevación monticular, con una superficie aproximada de 64 X 56 m, orientada en su eje mayor en dirección noroeste-sudeste. El sector II está ubicado hacia el este del sitio y se caracteriza por la presencia de un conjunto de recintos, mientras que las depresiones que se registran en la topografía del sector corresponden a áreas no construidas que definen recintos abiertos, patios. Las técnicas constructivas combinan las técnicas de paredes con columnas de piedra y barro y paredes simples de piedras canteadas.

El sitio Piedras Blancas cuenta con un conjunto de seis fechados, dos del montículo y cuatro del conjunto de recintos del sector II del sitio. Del nivel 15 del montículo se obtuvo una fecha de 1340 ± 40 años C14 AP, y del nivel 18 un fechado de 1040 ± 50 años C14 AP. Del Recinto F, parte del conjunto residencial de Piedras Blancas que no incorporamos en los análisis de esta tesis pues no se asocia a él ningún objeto de metal, se obtuvo un fechado que dio por resultado 920 ± 70 años C14 AP. Del denominado Recinto C se obtuvieron dos fechados, uno de 1000 ± 70 años C14 AP, y el otro de 1370 ± 70 años C14 AP. Por último, se cuenta con un fechado del Recinto H, de 1230 ± 80 años C14 AP.

Pasamos ahora a describir cada uno de los

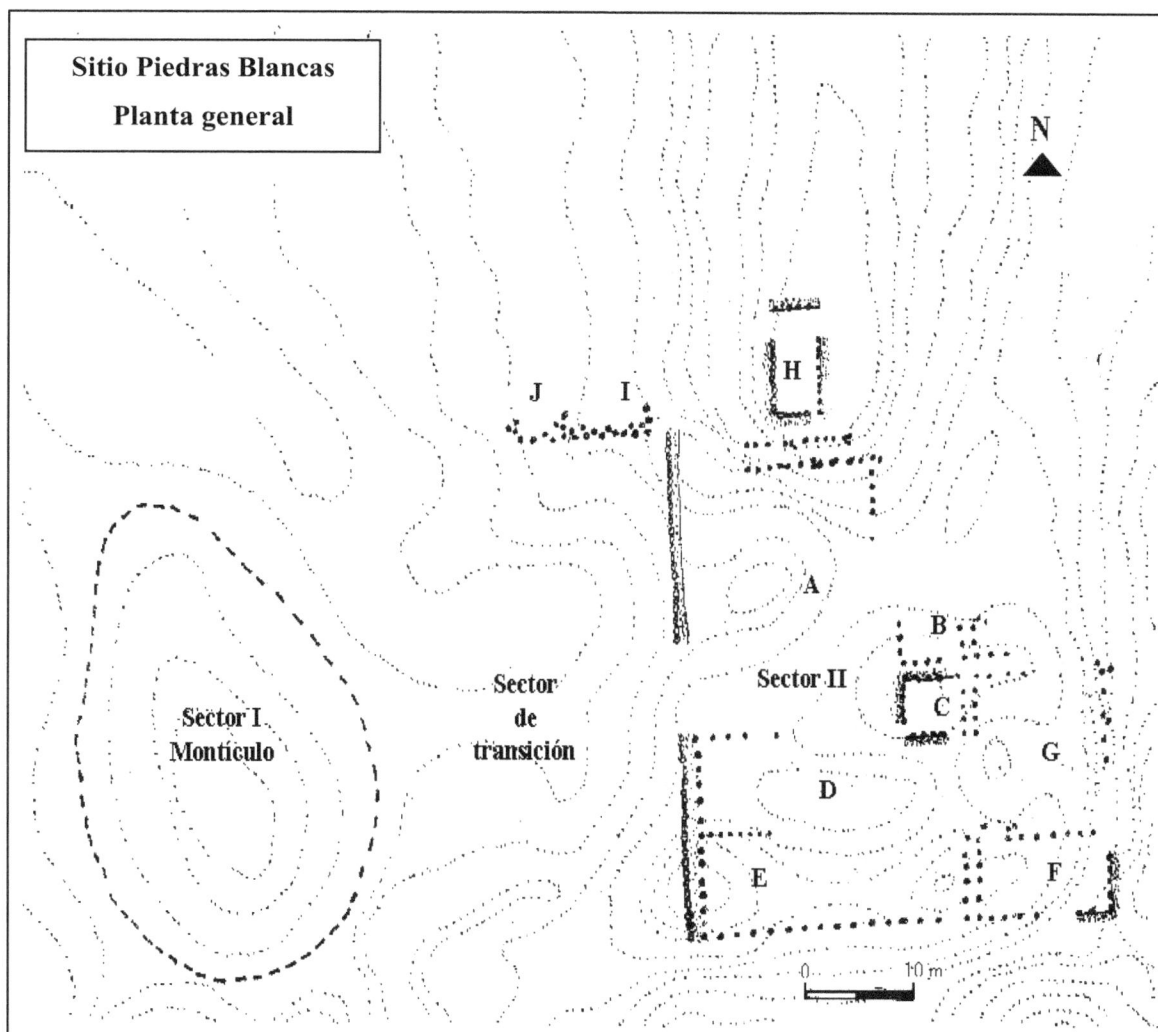

Figura 22: Plano del sitio Piedras Blancas

objetos elaborados en metal hallados en las diferentes unidades excavadas en el sitio Piedras Blancas.

Montículo

Objeto N° 25

Es un fragmento de pinza de 27.2 mm de largo, 18.1 mm de ancho máximo y 1.2 mm de espesor. Posee una única valva subtriangular y plana, y la sección del mango gruesa y compacta. Tiene un proceso de corrosión probablemente activa por la pátina verdosa pulverulenta que aflora en una sección del borde de la hoja y en la curvatura de la sección del mango.

Objeto N° 6

Es un fragmento de lámina enrollada en forma tubular, de 20.7 mm de largo, 10.7 mm de ancho máximo y 1 mm de espesor, similar a los "artefactos con tubo" que presenta Mayer (1992). Estos artefactos, según el autor, pudieron haber sido utilizados como tocados (Objetos N° 1546-1551a) o puntas de proyectil (Objetos N° 1959-1969). El objeto presenta zonas puntuales de corrosión, particularmente en una grieta longitudinal que presenta la pieza.

Objeto N° 60/1

Es un fragmento de lámina metálica con con-

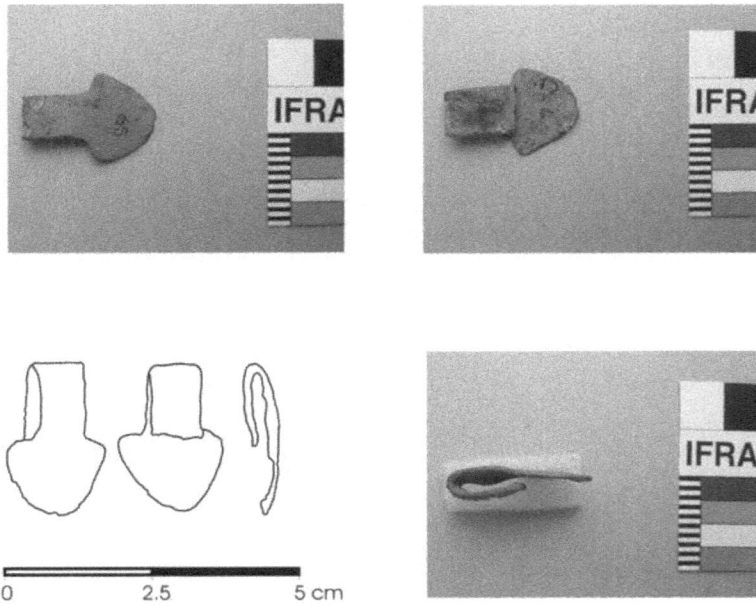

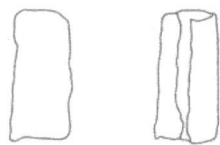

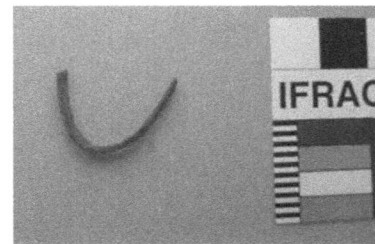

Figura 23

Figura 24

Figura 25

torno helicoidal, de 20.4 mm de largo, 17.3 mm de ancho máximo y 1.4 mm de espesor. Está en buen estado de conservación y no presenta evidencias de corrosión. La torsión que presenta parece provenir de un momento del proceso de manufactura de la pieza.

Objeto N° 101

Es un fragmento de hacha de 40.6 mm de largo, 43.5 mm de ancho máximo y 5.6 mm de espesor, con el filo y borde en prolija terminación

pulida, similar a las "hachas T" que presenta A. R. González (1975: 157). La zona de la fractura de la pieza es irregular con una región puntual en proceso de oxidación. La cara posterior del objeto está cubierta por una pátina color óxido, sobre la cual, en algunos sectores, afloran granulosidades verdosas por oxidación. La cara anterior está muy poco corroída, y en general la pieza se encuentra en muy buen estado de conservación. La pieza fue elaborada seguramente a partir de la utilización de un molde, por las características morfológico- técnicas

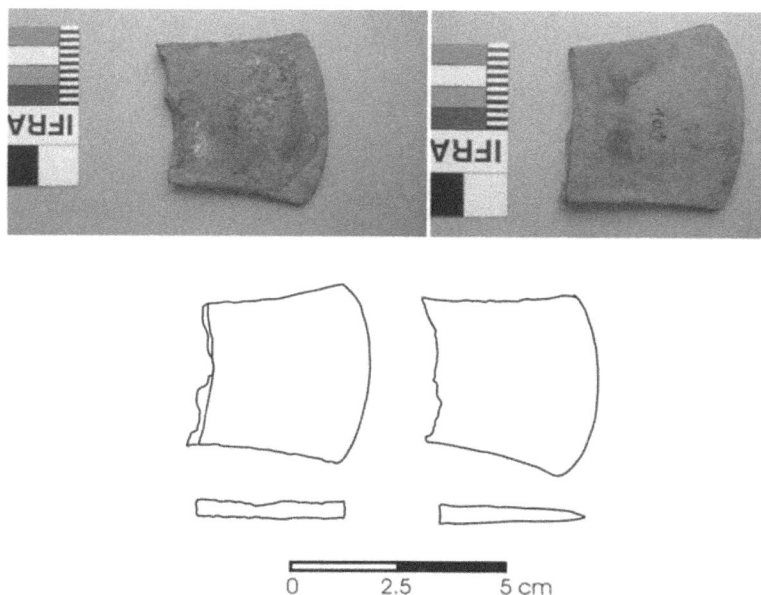

Figura 26

que presenta la pieza.

Objeto N° 102 (a y b)

Son dos fragmentos de un instrumento alargado que remontan entre sí. El fragmento "a" mide 62.3 mm de largo y 3.5 mm de ancho máximo. El fragmento "b" mide 21.9 mm de largo y 3.7 mm de ancho máximo. El objeto completo mide 84.2 mm, y posee uno de sus extremos más ancho que el resto de la pieza, que se va agudizando en dirección al otro extremo. En la sección de fractura entre ambos fragmentos se observa un pequeño orificio que recorre el interior del cuerpo de la pieza. Los fragmentos están muy corroídos, con su superficie cubierta por una pátina oscura y con gránulos verdes friables que cubren la totalidad de los fragmentos. Al fragmento "a" se le hicieron análisis metalográficos. Presenta una estructura recristalizada de granos finos y poligonales con maclas y bandas de deslizamiento, que denotan deformación plástica seguida de un tratamiento térmico de recristalización[3].

3 Para la lectura del informe técnico completo ver Apéndice 1.

Los mismos análisis sugieren que el hueco u orificio central que recorre longitudinalmente la pieza es el 'negativo' dejado por el metal original que formaba parte de la pieza, que al reaccionar con el ambiente y desaparecer, dejó el hueco y una corona meteorizada (ver foto 9 de la muestra N° 3 del Apéndice 1). Todas estas características permiten suponer que el objeto corresponde a un cincel.

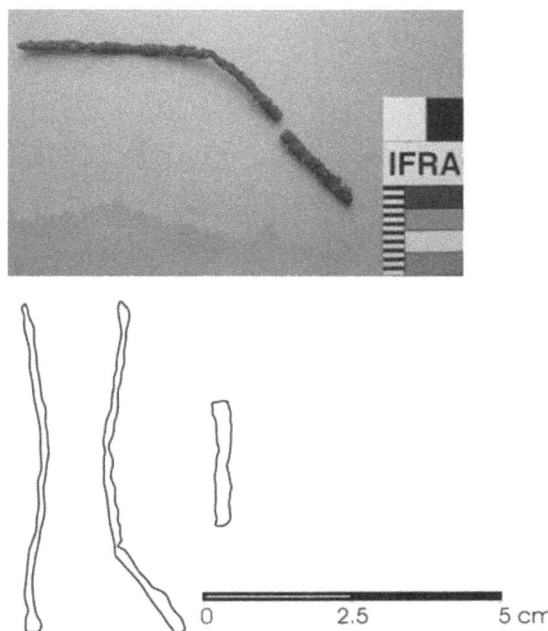

Figura 27

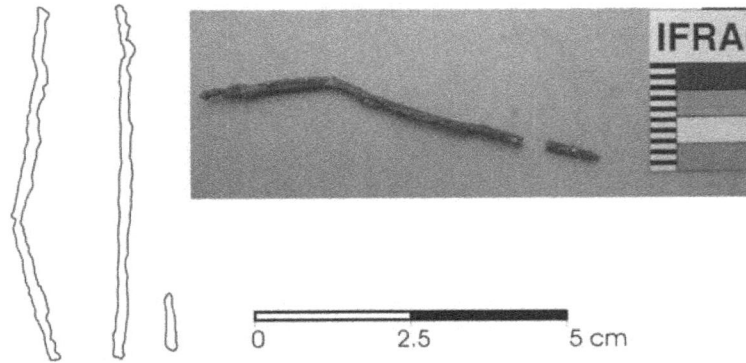

Figura 28

Objeto N° 103

Son dos fragmentos de un instrumento alargado que remontan entre sí. El fragmento "a" mide 58.6 mm de largo y 2.2 de ancho máximo. El fragmento "b" mide 10.3 mm de largo y 2.5 mm de ancho máximo. La pieza completa mide 68.9 mm de largo, y posee uno de sus extremos ancho, que se va agudizando hacia la otra punta del objeto. Ambos fragmentos tienen un grado importante de oxidación, con una pátina oscura y con gránulos verdosos que cubren la casi totalidad del cuerpo de los fragmentos. Al fragmento "a" se le hicieron análisis metalográficos, cuyos resultados arrojaron la presencia de notables maclas y bandas de deslizamiento producto de la deformación plástica y la regeneración posterior de la estructura por calor que sufrió la pieza[4]. Todas estas características morfológicas y técnicas permiten indicar que el objeto es un cincel.

Objeto N° 104

Es un fragmento de instrumento de 29.2 mm de largo, 7.2 mm de ancho máximo y 3.8 mm de espesor, fracturado en ambos extremos.

Posee un estado de corrosión mediano, con una pátina negruzca que cubren todo el objeto, y con pequeños gránulos verdosos que cubren algunos sectores de la pieza, que se trataría de un fragmento de cincel.

Objeto N° 202

Es un fragmento de objeto de 46.4 mm de largo, 34.4 mm de ancho máximo y 1.2 mm de espesor. Está confeccionado en una lámina de un fino espesor (<1.2mm) en forma de valva redonda, de la que parte un mango que se halla

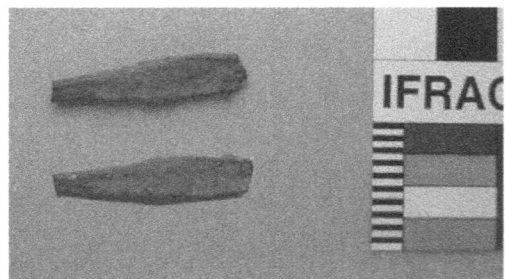

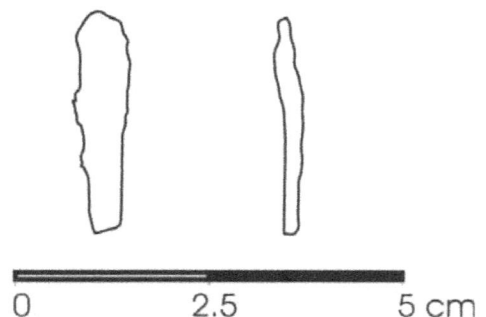

Figura 29

4 Para la lectura del informe técnico completo ver Apéndice 1.

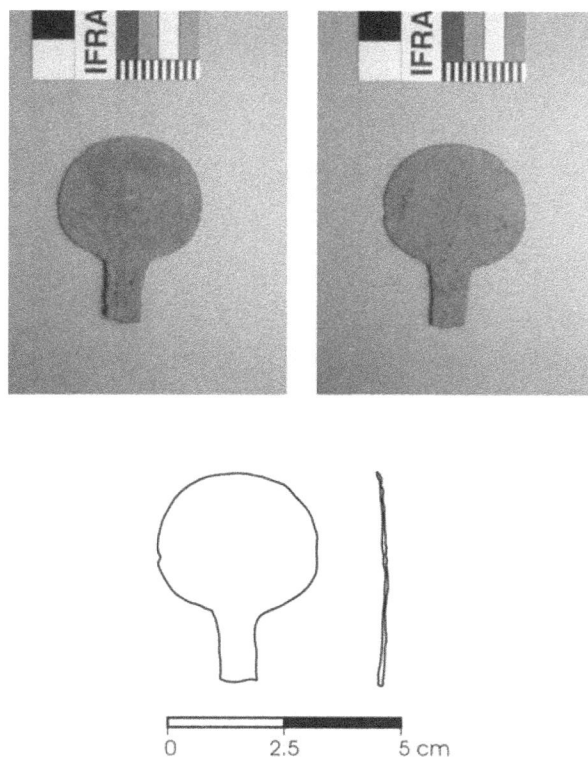

Figura 30

distintos sitios del valle, entre ellos del montículo. Pero la causa de alteración más profunda de este caso, se debe a la degradación continua del terreno, que periódicamente es arado para el desarrollo de actividades agrícolas[5], actividad que va "bajando" el nivel de la estructura monticular[6]. Sobre el mismo se efectuaron dos pozos de sondeo, el primero de ellos en noviembre de 1996, cuando se plantearon dos cuadrículas, en cuya excavación se recuperó gran cantidad de material. El segundo sondeo se realizó en mayo de 1999, y consistió en una cuadrícula de 2x2 m en la parte alta del montículo, tomando niveles artificiales de 10 cm. Se observaron claramente procesos de bioturbación que afectaron en gran medida el montículo. En el perfil pudieron seguirse

fracturado. Presenta una muy leve curvatura cóncava y está en muy buen estado de conservación, con sólo cuatro pequeños gránulos verdosos en la parte de amarre posterior de la pieza. En la cara posterior tiene cinco incisiones blancuzcas realizadas con posterioridad a la recuperación de la pieza en la excavación. Por sus características morfológicas parece tratarse de un fragmento de pinza o tupu.

Análisis contextual:

Estos ocho objetos se recuperaron en el Montículo del sitio Piedras Blancas (ver Figura 22). Éste se encuentra en el sector oeste del sitio (sector I), y consiste en una disposición estructural cuyo eje mayor es en dirección noreste-suroeste, como dijimos, de aproximadamente 64 X 56 m. Presenta alteraciones debido a la presencia de pozos de vizcachas, cuya acción periódica fue alterando la fisonomía y la historia estratigráfica de cuevas de roedores y raíces. Durante el período de excavación de octubre de 1999, se abrió sobre el montículo una trinchera desde el centro de la estructura hacia el Oeste. Se plantearon 4 cuadrículas (A, B ,C y D) de 1,50 x 1 metro, formando la trinchera de 6 m en dirección este-oeste por 1 m en dirección norte-sur. El montículo presentó una densidad de material sensiblemente más alta respecto al resto de las unidades excavadas en Piedras Blancas, recuperándose una gran cantidad de material cerámico, lítico, óseo –la mayoría de animales y unos pocos fragmentos humanos- segmentos de estatuillas de cerámica y piedra, cuentas de collar, carbón, pigmentos, adobes, el conjunto de objetos de metal descripto, y tres pequeños bloques de mineral, dos de los cuales remontan entre sí –de fractura reciente-, y en los cuales se observan inclusiones cobrizas y verdes que forman parte de la matriz del mineral, lo cual nos lleva a suponer que sean fragmentos de minerales de cobre[7]. También del montículo se recuperaron dos pequeños lingotes de metal de cobre[8]. A diferencia de los montículos de los sitios Martínez 1 y 3, el montículo del sitio Piedras Blancas se integra a las unidades residenciales, presentando una alta visibilidad, hallándose justo enfrente del muro de cuarzo blanco que flanquea la entrada al sitio. Sin embargo, ambos conjuntos comparten el hecho de que no parecen haber sido erigidos de una sola vez, sino que su construcción parece haberse llevado a cabo en diferentes momentos, siendo producto de reparaciones, agregados y acumulaciones de elementos llevados a cabo en sucesivas intervenciones. Productos

7 Uno de estos bloques ha sido enviado a analizar para determinar su composición química.
8 Ambos lingotes de metal actualmente se encuentran extraviados, teniéndose la sospecha de que hayan sido objeto de un robo perpetrado en el Museo de Antropología de la Universidad Nacional de Córdoba en el año 2002, por lo que no se incluirán en nuestro análisis.

de sucesivas intervenciones culturales, los montículos han sido objeto de numerosas interpretaciones, ninguna ciertamente acabada, por lo que los interrogantes que suscitan acerca de las funciones que pudieron haber cumplido y las significaciones que pudieron haber tenido, se mantienen aún en pie. Las formas y las funciones de los montículos parecen haber cambiado a través del tiempo. Durante el formativo estaban aislados, y se hace difícil discernir si eran antiguas formas de asentamiento, lugares rituales y/ o montículos, como por ejemplo el sitio El Altillo. Pero durante el Período de Integración Regional, como vimos, los montículos se integran a sitios residenciales, y la discusión en torno a sus probables funciones varía entre considerarlos recintos habitacionales abandonados, productos de desechos cotidianos, restos de "basura ceremonial", o monumentos en el sentido de centros o plataformas ceremoniales.

Recinto C

Objeto N° 0748

Es un fragmento de instrumento en forma de valva con hoja laminar cóncava, con parte del mango, de 22.5 mm de largo, 13 mm de ancho máximo y 2.2 mm de espesor, probablemente parte de una pinza. En su cara posterior posee una concreción verdosa por la oxidación que sufrió la pieza. Presenta una fina costra de sedimento adherida y tiene muy buen estado de conservación. A lupa binocular se observa una pequeña melladura en el borde de la hoja y de la pieza en general se destaca su fina terminación.

<u>Análisis contextual:</u>

El objeto proviene del denominado Recinto C

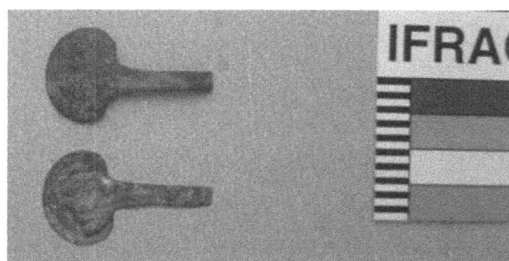

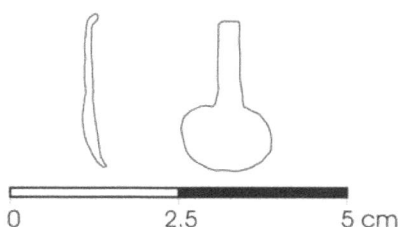

Figura 31

el espacio ubicado entre la estructura de contención de piedra y el muro oeste, y alrededor de la estructura de poste y junto al fogón. Al fragmento de pinza de metal se lo halló sobre el piso de ocupación, sobre la pared oeste, y en asociación a material lítico –cuarzo–, restos óseos de animales, fragmentos cerámicos y abundantes espículas de carbón, presentando el suelo una consistencia de arena fina.

Recinto H

Objeto N° 3852

Es un fragmento de objeto de 9 mm de largo, 9 mm de ancho máximo y 1.6 mm de espesor. Está confeccionado sobre una lámina y posee un pequeño agujero en su parte central. Presenta una muy leve curvatura convexa, cuya parte interna está totalmente cubierta por una pátina verde por la oxidación que sufrió la pieza. En su cara externa se presenta un proceso similar de oxidación. Por lo reducido de su tamaño y la ausencia de características que permitan evaluarlo, no es posible atribuirle a este fragmento de objeto una función o uso particular, aunque pareciera tratarse del fragmento de objeto de

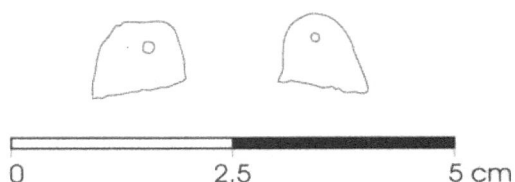

(ver Figura 22), que consiste en una estructura rectangular de 4.50 m en dirección norte-sur, por 3.25 m aproximadamente en dirección este-oeste, de la excavación de la cuadrícula 11, nivel 5 en la esquina sudoeste del recinto. El recinto fue construido con las técnicas combinadas de tapia y columnas de piedra, dispuestas entre sí a una distancia de 0.7 m. Se lo puede considerar un recinto habitacional destinado al almacenaje de materiales junto a los muros y en vasijas, y probablemente a la cocción y consumo de alimentos. Se reconocieron dos estructuras, una utilizada posiblemente para el sostén de una gran vasija de almacenaje, y otra de pozo de poste. La acumulación de cenizas y restos de madera carbonizada a 0.50 m del pozo de poste corresponde a un fogón, sin estructura de contención. En cuanto a los materiales recuperados, se destacan fragmentos de cerámica de distintas clases, en mayor proporción fragmentos toscos, formando agrupaciones en torno a las estructuras mencionadas, restos óseos faunísticos (junto a la pared oeste, en la esquina norte), algunos formatizados, abundancia de espículas de carbón vegetal en el sector central del recinto, y abundante material lítico, distribuido en dos sectores continuos:

Figura 32

probable uso ornamental.

Objeto N° 2242

Es un anillo de 17.5 mm de largo, 18.7 mm de ancho máximo y 1.9 mm de espesor. El anillo no cierra en forma completa, y ambos cortes son cuadrangulares y rectos. Se encuentra en mal estado de conservación, con gran avance del proceso de oxidación, lo que hace que una parte de la pieza esté con una fractura incipiente.

Objeto N° 0674

Es un fragmento de lámina enrollada en forma tubular, de 19 mm de largo, 9.5 mm de ancho máximo y 1 mm de espesor. En su interior se deposita abundante sedimento entre el que se observan inclusiones brillosas doradas. Está recubierto en parte por una pátina granulosa y verde, friable probablemente por el proceso activo de corrosión que sufre la pieza. El fragmento pudo haber formado parte de un *artefacto con tubo* similar a los presentados

por Mayer (1992), de probable uso ornamental (tocados). (Figura 35).

Análisis contextual:

Estos objetos se hallaron al interior del denominado Recinto H (Figura 36). El mismo está ubicado al norte del sitio Piedras Blancas, y consiste en una estructura cuadrangular construida sobre un terraplén sobreelevado, con dos entradas en las esquinas sudeste y noroeste, construido con la técnica de tapiado con columnas a excepción de las paredes Sur y Oeste que se hallan en su parte interna revestidas con lajas[9]. Sus dimensiones son de 4,50 m en sentido este-oeste y 8 m en sentido norte-sur, con una desviación de aproximadamente 4° hacia el este respecto al norte. Se trata de un recinto abierto con una galería que se extendía en el sector sur del mismo. En este sector, el nivel del piso consolidado se halló sobreelevado

---

9 El revestimiento en lajas se halla también en los sitios Martínez 2 (Juez 1991) y en la rampa sur de la plataforma y en la estructura 4 de Iglesia de los Indios (Gordillo 1994), en el valle de Ambato.

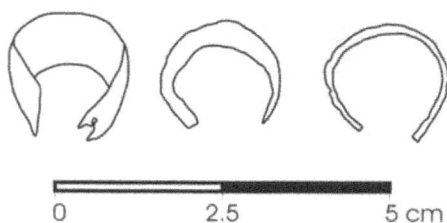

Figura 33

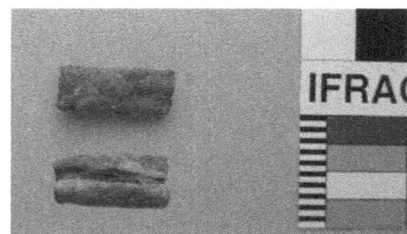

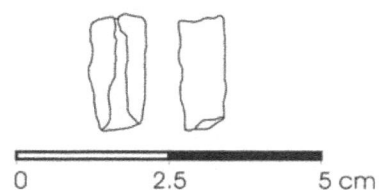

Figura 34

Figura 35: Artefactos con tubo halladas en tumbas del norte de Perú (Extraído de Mayer 1992)

varios centímetros respecto al sector norte, y se registró una huella de poste ubicado en la parte central del mismo. Esta parte del recinto pudo haber sido una galería, interpretación realizada, además, a partir de la delgada capa con restos de techo que se halló durante la excavación. Durante la misma se recuperó abundante material cerámico, lítico, óseo –de animales y humanos-, cuentas de nácar, mica, pigmento y tres objetos elaborados en metal, y se identificó un conjunto significativo de rasgos: una estructura de combustión vinculada a la manufactura de metales con un esqueleto de camélido sacrificado depositado por debajo de la misma, varios pozos, y tres enterratorios al interior de la vivienda, dos de ellos en el sector sur del recinto, y el tercero ubicado debajo de la pared este del mismo. Del ajuar asociado a este último enterratorio, provienen dos de los objetos de metal descriptos, el objeto N° 3852, el fragmento de lámina, y el objeto N° 2242, el anillo. El enterratorio se ubica junto a la base de la sexta columna de la pared este, a una profundidad de un metro (Figura 9). Contiene un individuo infantil de entre uno y dos años, cuyos restos óseos estaban en buenas

condiciones de conservación. La base en la que apoyaba el esqueleto está conformada por un sedimento más compacto que el del relleno y levemente más claro, presentando el corte del pozo una forma irregular de alrededor de 50 cm de diámetro, con una profundidad de aproximadamente 20 cm, en cuya base apoyaba el pequeño esqueleto. El mismo se ubica en posición genuflexa con apoyo latero dorsal derecho, con la cabeza orientada hacia el norte y la espalda hacia el este, es decir, hacia afuera del recinto. Los materiales asociados consisten en un tiesto, directamente apoyado sobre la nuca, en la base del cráneo, y una astilla de hueso incrustada a la altura del cuello que atravesaba la columna en la zona cervical de lado a lado. Integrando el ajuar se hallaron también cuatro falanges de felino con huellas de desgaste en la superficie de la articulación proximal, ubicadas junto y entre los restos óseos del infante, el anillo de metal en la base de la excavación, el fragmento de lámina de metal, una hoja de mica, una estatuilla zoomorfa de cerámica representando un camélido, una cuchara de hueso realizada sobre una costilla y diversos fragmentos cerámicos. Este enterratorio, no obstante, no

Sitio Piedras Blancas- Recinto H

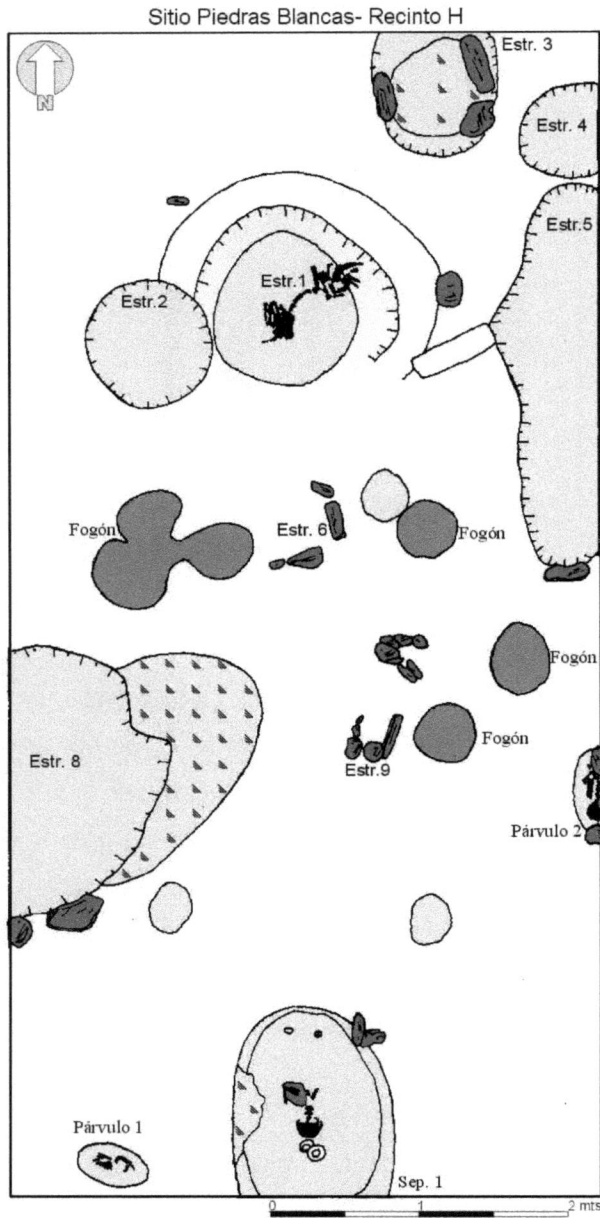

Figura 36: Plano del Recinto H del sitio Piedras Blancas

puede considerarse aislado de los otros eventos de depositación que están incorporados en la estratigrafía de este recinto, como son los otros dos enterratorios infantiles, y el esqueleto de camélido neonato enterrado por debajo de una estructura de combustión. Todos estos depósitos nos están hablando de prácticas específicas llevadas a cabo en el interior del límite dispuesto por aquello materialmente construido del Recinto H. El fragmento de la pequeña placa

y el anillo de metal, adquieren significación en el marco de la práctica mortuoria que supuso el cavado de un pozo, la depositación cuidadosa del cuerpo de un niño dentro de él junto al resto de su ajuar, y el consecuente tapado del depósito. Ignoramos las circunstancias en que este niño fue enterrado, aunque creemos que la significación dada a este enterratorio debe trascender el "cerrado y abstracto sistema de significación centrado en el cadáver" (Treherne 1995: 19)[10]. En este contexto práctico, el enterratorio, convergen una multiplicidad de escalas, la de la vida del niño enterrado, las biografías de los objetos que lo acompañan, así como la/s de quien/es lo enterró/aron. Esta fusión de sujetos y objetos, implica también tiempos y espacios que trascienden lo discreto de ese acto y nos lleva a las interacciones cotidianas en donde esos mismos sujetos y objetos estuvieron involucrados. Como dijimos oportunamente, varios contextos fueron hallados en el interior del Recinto H, contextos que nos remiten a sendas prácticas a ellos vinculadas. Situándonos nuevamente en una escala más amplia que la del enterratorio, la del recinto que lo contiene, introducimos en este apartado un contexto vinculado a la producción de objetos de metal, hallado a pocos metros del enterratorio descripto, y asociado al cual se halló el tercer objeto de metal encontrado en el Recinto H, el fragmento de lámina enrollada en forma tubular (objeto N° 0674).

Trabajando metales en el Valle de Ambato

En la excavación llevada a cabo en el año

10 Aunque con esta cita Treherne (1995) hace referencia a los bienes enterrados en tumbas de guerreros de la Edad del Bronce europeo, la utilización de la misma nos pareció sumamente eficaz para ilustrar las múltiples escalas que nuestro análisis requiere.

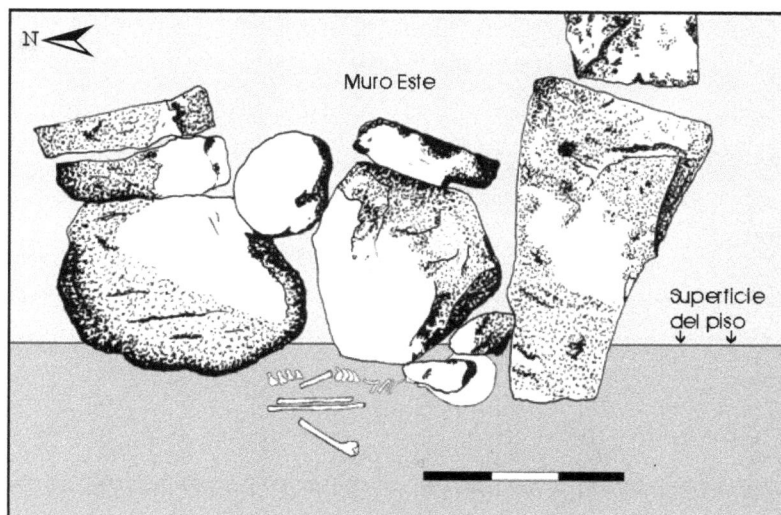

Figura 37: Enterratorio 2 del Recinto H

2000, se halló en el interior del Recinto H una estructura de combustión que presentó particularidades y diferencias con respecto a las demás estructuras de combustión excavadas hasta entonces en el valle, consistente en un fogón excavado en el piso del recinto (Figura 38).

Este fogón está constituido por una pared subcircular de tierra consolidada que se yergue entre 5 y 10 cm. por encima de la superficie del piso, formando una especie de "anillo" que rodea un pozo de entre 1 m y 1 m 20 cm de diámetro y de aproximadamente 20 cm de profundidad, que contiene un sedimento en su base que presenta un alto nivel de termoalteración, apoyado sobre una muy fina capa de sedimento con cenizas y carbón con alto nivel de fragmentación. Por debajo de la base del pozo se encontró el esqueleto de un camélido neonato depositado en un sedimento arcilloso con la cabeza orientada hacia el noroeste que mencionáramos en la caracterización del Recinto H. Al respecto de las prácticas en las que pudo haber estado involucrada esta estructura, debe descartarse el uso de esta estructura como fogón de cocina. Las características y morfo-

logía de los fogones domésticos conocidos en otros sitios del valle difieren de éste en cuanto se trata de fogones planos, de poca potencia con predominancia de cenizas y relativamente poco carbón, sin ninguna estructura de contención perimetral como sí posee esta estructura. En este sentido, podría haberse tratado de una unidad de cocción de alfarería. Sin embargo, estudios etnoarqueológicos (p.e. García 1988) tienden a sostener el emplazamiento de esta clase de horno lejos de las unidades residenciales y no dentro del recinto como en nuestro caso, en patios a cierta distancia de los asentamientos debido, entre otros factores, a la producción de humo abundante y continuo en el proceso de cocción y ahumado. Asociados a esta estructura de combustión se encontraron dos objetos significativos, como lo son un yunque y un martillo líticos. El yunque es una especie de "plato" subcircular de unos 30 cm de diámetro y aproximadamente 5 cm de alto confeccionado sobre una laja. Posee los bordes redondeados y su superficie levemente cóncava y con una textura producto del trabajo por abrasión y desgaste por uso. El martillo es una especie de rectángulo de prisma rectangular de unos

15 cm de largo y de 5 X 5 cm de ancho, con sus extremos levemente convexos y con rastros de abrasión y micro-fracturas longitudinales sobre la superficie de sus extremos. A la estructura de combustión se le asocian espacialmente dos estructuras más (ver figura 8). Contigua a la misma, unos 20 cm hacia el este, se halló la Estructura 5, un pozo alargado de aproximadamente 2 m y medio de largo por unos 50 cm de ancho y 30 cm de profundidad. El sedimento de esta estructura resultó un relleno de cenizas, carbón, fragmentos cerámicos, y un conjunto de carbones con alta fragmentación, contexto que se interpretó como el resultado de las acciones de limpieza y barrido realizadas en la estructura de combustión. A través del análisis con microscopio óptico se halló

que algunos de estos pequeños fragmentos de carbón presentaban incrustaciones verdes iridiscentes a la luz artificial, que por color y morfología podían tratarse de restos de cobre. Estas muestras de carbón fueron enviadas a la CONEA para realizarles análisis de EDAX a fin de comprobar que se tratase efectivamente de este elemento. Por su parte, la Estructura 3 se encuentra adosada al muro norte del recinto y distante unos 20 cm de aquella. Consiste en un pozo de aproximadamente 50 cm de diámetro y 50 cm de profundidad, demarcado por grandes lajas colocadas de canto, y en cuya base se recuperaron sólo grandes fragmentos de carbón, sin encontrarse ningún otro tipo de material, de lo que interpretamos que se trató de un depósito de carbón vegetal. En esta es-

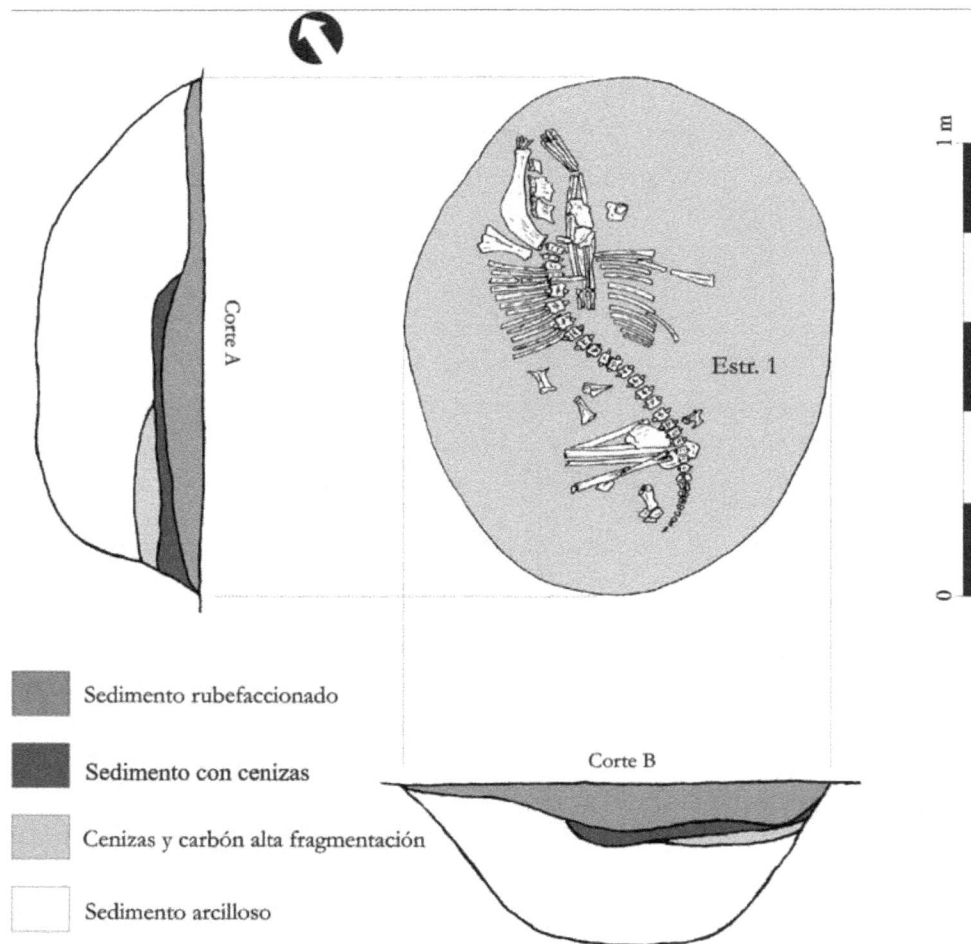

Figura 38: Planta y corte de la estructura de combustión hallada en el interior del Recinto H. El camélido enterrado por debajo dela misma apoya sobre el sedimento arcilloso

tructura se recuperó una muestra de 500 g de carbón perteneciente a algarrobo, aunque su capacidad se aproxima a los 125.000 cm³, es decir, aproximadamente el espacio que ocuparían 20 kg de carbón fragmentado o 10 kg de carbón en grandes trozos. Es lícito suponer que este carbón fue extraído de otro lado y depositado en este pozo, por la manera en que se encontraba almacenado y por no haberse hallado el sedimento circundante con huellas de haber sido sometido a fuego.

La disponibilidad de especies adecuadas a ser utilizadas como combustible ya fue propuesta por L. R González (1992) como un factor condicionante para el emplazamiento de instalaciones para la realización de operaciones vinculadas a la metalurgia. En nuestro caso, la ubicación del Valle de Ambato entre las provincias del Monte y Chaqueña (Cabrera 1976) supone, como dijimos oportunamente, una amplia oferta ambiental de maderas y leñas, entre las que se debió seleccionar sólo algunas que satisfagan los requisitos de alta capacidad calórica. En este sentido, los análisis antracológicos efectuados a los carbones provenientes de

las estructuras 3 y 5 (Marconetto 2004) dieron por resultado la presencia de un combustible capaz de satisfacer las altas temperaturas requeridas por la metalurgia. La diferencia entre los resultados de las identificaciones de muestras de carbón correspondientes a fogones domésticos y aquellos asociados a la estructura de combustión resultó notable (Tabla 2).

La estructura 3 (el depósito de carbón vegetal) mostró una frecuencia del 100% para *Prosopis*, "algarrobo", mientras que la Estructura 5 (la cubeta de desechos) presentó un 83% de este género, correspondiendo el 17% restante a *Schinopsis*, "quebracho colorado", madera que también posee un excelente valor calórico y propiedades de combustión. Los fogones domésticos, o de uso cotidiano, presentaron una amplia diversidad de taxones consumidos, mientras que el género *Prosopis* aparece con frecuencia mediana a baja (Marconetto 2004). Con relación a los cambios organizacionales que se están dando para el momento de ocupación del sitio Piedras Blancas, los resultados de los análisis de estructuras de combustión pueden estar mostrando restricciones en el

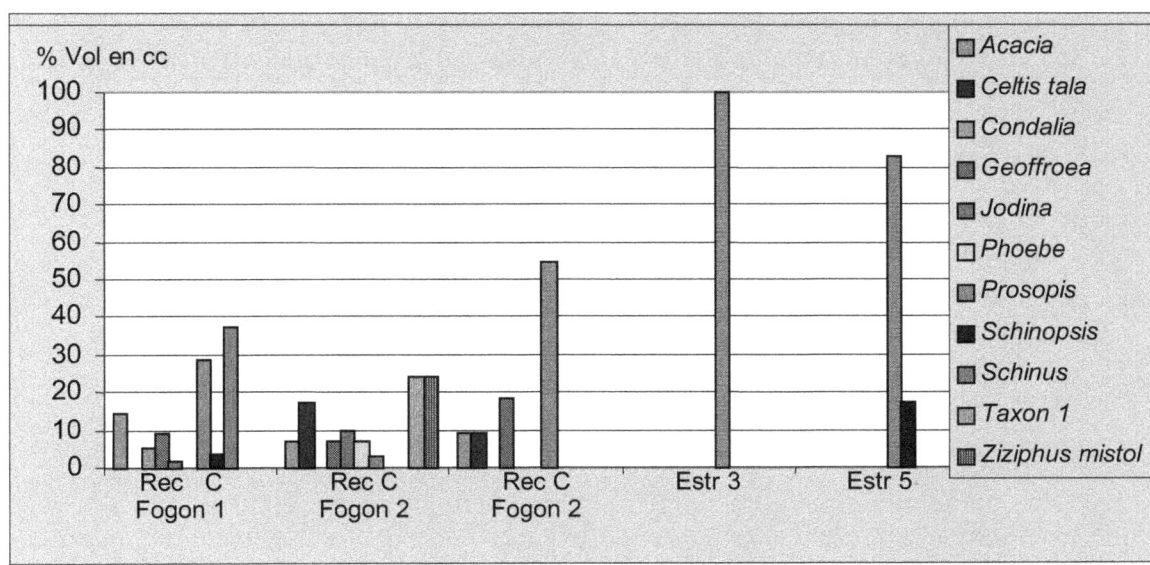

Tabla 2: Distribución de taxones por estructura

acceso a los recursos combustibles en función de necesidades sociales, más allá de la posible merma en la oferta ambiental de las especies preferidas, es decir, ya no nos referimos a la oferta ambiental, sino a la disponibilidad de los recursos. En este sentido, las actividades llevadas a cabo en el recinto H indican un uso diferencial de los recursos forestales, una elección en el abastecimiento y consumo de las especies de mejor calidad para la producción de determinados ítems, respecto de lo abastecido y utilizado por los fogones domésticos, donde se observa una surtida selección de maderas para utilizar en su alimentación.

Aunque el carbón analizado satisface en gran medida las altas temperaturas requeridas para las actividades metalúrgicas, poco hay en el registro arqueológico vinculado a la estructura de combustión que analizamos, que nos haga pensar en que la misma fue utilizada para fundir minerales. No se hallaron escorias, moldes de fundición, ni ningún otro tipo de herramienta ni dispositivo refractario como los utilizados para la manipulación del metal en estado líquido y para el revestimiento de las paredes de los hornos. Por otro lado, con respecto a las características morfológicas y de emplazamiento que presenta nuestra estructura de combustión, al ser un fogón "abierto" excavado en el piso del interior de un recinto sin techar, no pudo contar con la capacidad suficiente para mantener el calor necesario para la formación de escorias y debió requerir el empleo de sopladores que cooperen con la generación y el mantenimiento de las temperaturas necesarias para las actividades en él desarrolladas (L. R González 1992). Las toberas que habrían requerido los sopladores, tampoco fueron halladas en Piedras Blancas. Por último, la alteración por calor de los sedimentos contenidos en el fogón

no sugiere la exposición del mismo a rangos térmicos superiores a los 1000°C, sino más bien su exposición a un fuego continuo que paulatinamente habría ido rubefaccionando las paredes del fogón.

Pero considerando la segregación espacial que supone la producción metalúrgica (L. R. González 1992; Lechtman 1976; Shimada 1985), pensamos que en Piedras Blancas sí se desarrollaron prácticas vinculadas a la producción de metales, y nos referimos específicamente a la etapa de la manufactura de objetos, esto es, tareas de martillado, recocido y/ o cortado de metales. El recocido es muy frecuente cuando el objeto está siendo forjado a partir del martillado, puesto que éste hace que la pieza se vaya haciendo cada vez más dura, hasta que en determinado momento se vuelve demasiado dura y quebradiza para seguir siendo trabajada, como resultado del rompimiento de granos microscópicos del metal. Este exceso de endurecimiento puede ser revertido, y el metal vuelto más maleable y posible de ser trabajado, a partir del recocido, esto es, el calentamiento del objeto a una temperatura inferior a la de su punto de fusión, entre los 300 y 400 °C. El recocido provoca que los granos deformados por el martillado recristalicen, formándose nuevos granos (Easby 1974; L. R. González 2004; Lambert 1997; Root 1949). Ahora bien, si para las tareas de recocido de metales no son necesarias temperaturas tan altas como las requeridas por la fundición de minerales, ¿cómo interpretamos la selección de algarrobo con relación a las prácticas de manufactura de objetos de metal que se desarrollaron en el Recinto H de Piedras Blancas? Creemos que en la necesidad de mantener un nivel de temperatura continua que optimice las tareas alternadas de martilleo y recocido está la respuesta a este interrogante. Pensamos que luego de ser trabajado con calor en la estructura de combustión, el metal haya sido sometido a deformación en caliente a partir de su martilleo sobre el yunque hallado en el Recinto H. Para trabajar las láminas sobre este objeto, se utilizó el martillo encontrado en asociación con el yunque. El tiempo que demandó el martilleo del metal, "abandonó" el combustible prendido en la estructura de combustión expuesto a que se apague, situación que habría generado serios inconvenientes al artesano que estaba llevando a cabo la tarea. Tal posibilidad pudo reducirse con la utilización de un carbón vegetal de una especie que mantuviera su combustión por un tiempo considerable, al menos por más tiempo que lo mantenido por otras especies leñosas. En este punto cobra relevancia la presencia predominante de *prosopis* "algarrobo" en las estructuras asociadas a estos eventos de combustión, y creemos que su selección entre la amplia oferta existente en el valle se debió a las necesidades producidas por las tareas alternadas de recocido y martillado que se desarrollaron en este recinto. Entre los 30 objetos elaborados en metal que hallamos en los sitios Martínez 1, Martínez 2, Martínez 3, Martínez 4 y Piedras Blancas, al menos 20 de ellos están elaborados a partir de láminas más o menos gruesas de metal, como son los anillos, el fragmento de "cinta", las láminas enrolladas en forma tubular, y al menos algunos de los cinceles descriptos. De este conjunto de objetos, a tres de ellos se le efectuaron, como dijimos, análisis metalográficos, cuyos resultados fueron volcados oportunamente en la descripción de cada uno de los objetos analizados. No obstante, aquí desarrollamos las características técnicas generales que estuvieron implicadas en la confección de los tres objetos, elementos todos que otorgan un sustento técnico a nuestra interpretación sobre las características que adquirió la estructura de combustión hallada en el Recinto H. Los tres objetos presentan similares características técnicas en su confección, habiendo sido sometidos a procesos de deformación plástica y posterior recristalización, es decir, a eventos de recocido. El calentamiento de una estructura deformada deja evidencias en los granos de la estructura recristalizada, las maclas y bandas de deslizamiento (ver Apéndice 1) El martillado de las piezas puede apuntarse a partir de la presencia del yunque y el martillo asociados al contexto de producción que desarrollamos en esta sección, además, la sección cuadrangular o subcuadrangular del cuerpo de los objetos analizados hace casi un hecho este tipo de trabajado[11]. Otros objetos como son el fragmento de hacha, las valvas de pinzas, los dos fragmentos de objetos con caracteres zoomorfos y algunos cinceles debieron requerir la utilización de moldes en su confección, aunque no podemos aún precisar aspectos de las características que involucró su manufactura, pudiendo haber estado expuestos a las prácticas de deformación plástica que se desarrollaron en Piedras Blancas. El hallazgo de los dos pequeños lingotes de cobre en el montículo del sector oeste del sitio Piedras Blancas, se suma al entramado de elementos que nuestro caso implica, y nos permiten arriesgar la hipótesis de que al sitio Piedras Blancas del valle de Ambato ingresaban lingotes de metal que habrían sido trabajados a partir del recocido y martillado en el interior del recinto H, sobre las cuales se elaboró un conjunto de diversas piezas de metal. Para llevar a cabo esta actividad, se debieron seleccionar especies leñosas que mantuvieran su combustión por un

11 Agradecemos esta información al Ing. Adrián Pifferetti, quien a partir de una consulta de la autora aportó a la interpretación arqueológica a partir del informe técnico de los análisis metalográficos.

tiempo prolongado, y la presencia de algarrobo y, en menor medida quebracho colorado en los resultados de los análisis antracológicos de los carbones recuperados en el Recinto H, así lo hacen suponer. No estamos aún en condiciones de decir de dónde pudieron provenir los lingotes que, fundidos en algún otro lugar, eran trabajados en Piedras Blancas. Sin embargo, el hallazgo de los dos pequeños bloques de mineral de cobre en el montículo del sitio, de donde también provienen los lingotes, nos hace pensar que tal vez no se hallase muy lejos de Piedras Blancas la unidad o las unidades metalúrgicas donde éstos eran fundidos.

Unos pasos más allá: los objetos de metal del sitio Iglesia de Los Indios

Como planteamos oportunamente, creemos relevante incorporar en esta tesis, aunque más no sea a modo de mención, los objetos elaborados en metal que fueron reportados por Gordillo y Buonno (2003) del sitio la Rinconada o Iglesia de los Indios[12] (Figura 39). La decisión de incorporar estos objetos se debe al menos a dos circunstancias. La primera, como mencionáramos al principio de este capítulo, el sitio Iglesia de Los Indios se encuentra a sólo 400 m al sur del sitio Piedras Blancas, y comparten entre sí no sólo la cronología, sino también las modalidades alfareras, las técnicas constructivas y de elaboración de artefactos, todo lo cual apunta a considerar la contemporaneidad entre ambos sitios y la pertenencia de ambos conjuntos arquitectónicos a un mismo asentamiento. En segundo lugar, los objetos de metal de Iglesia de los Indios fueron recupera-

dos mediante excavaciones sistemáticas, por lo que se cuenta con un registro acabado de sus condiciones de hallazgo.

Según plantean Gordillo y Buonno (2003), el conjunto de objetos elaborados en metal recuperado en diferentes excavaciones llevadas a cabo en Iglesia de los Indios, consta de nueve ejemplares, recuperados en distintas estructuras del sitio.

Sobre el piso de ocupación del recinto habitacional que se dio en llamar *estructura 4*, se recuperó un conjunto de objetos elaborados en metal, consistente en un instrumento, un hacha, un cincel y un objeto de forma sub-pentagonal. La estructura 4 consiste en un recinto techado, de 7 m X 6 m aproximadamente, con muros dobles, un vano a través del cual la habitación se comunica con la estructura 5, un patio, dos estructuras de sostén de poste, y en cuya superficie de ocupación se halló abundante material cerámico, huesos y fragmentos óseos -entre ellos una calota humana- y abundantes restos óseos de camélidos, cuentas de collar de mica, nácar, hueso y pizarra; pequeñas estatuillas de piedra; cristales de cuarzo; fragmentos de placas de mica con agujeros de suspensión; artefactos de hueso; conanas y manos de moler y los objetos de metal mencionados. Por el hecho de encontrarse en el lugar más elevado del sector este del sitio, por haberse construido con técnicas que suponen un mayor costo de materiales y trabajo, y por los materiales hallados en su superficie de ocupación, se interpretó a la estructura 4 como un sitio de jerarquía dentro del conjunto residencial (Gordillo 1995).

Tres objetos de metal se hallaron en el patio conocido como *estructura 5*. Los mismos son una cuenta, un alfiler y un tubo conformado

---

12 Agradecemos a Inés Gordillo habernos enviado los artículos en donde se detallan los objetos de metal encontrados en el sitio, y en donde se describen e interpretan las diversas estructuras y contextos asociados a los cuales se hallaron dichos objetos.

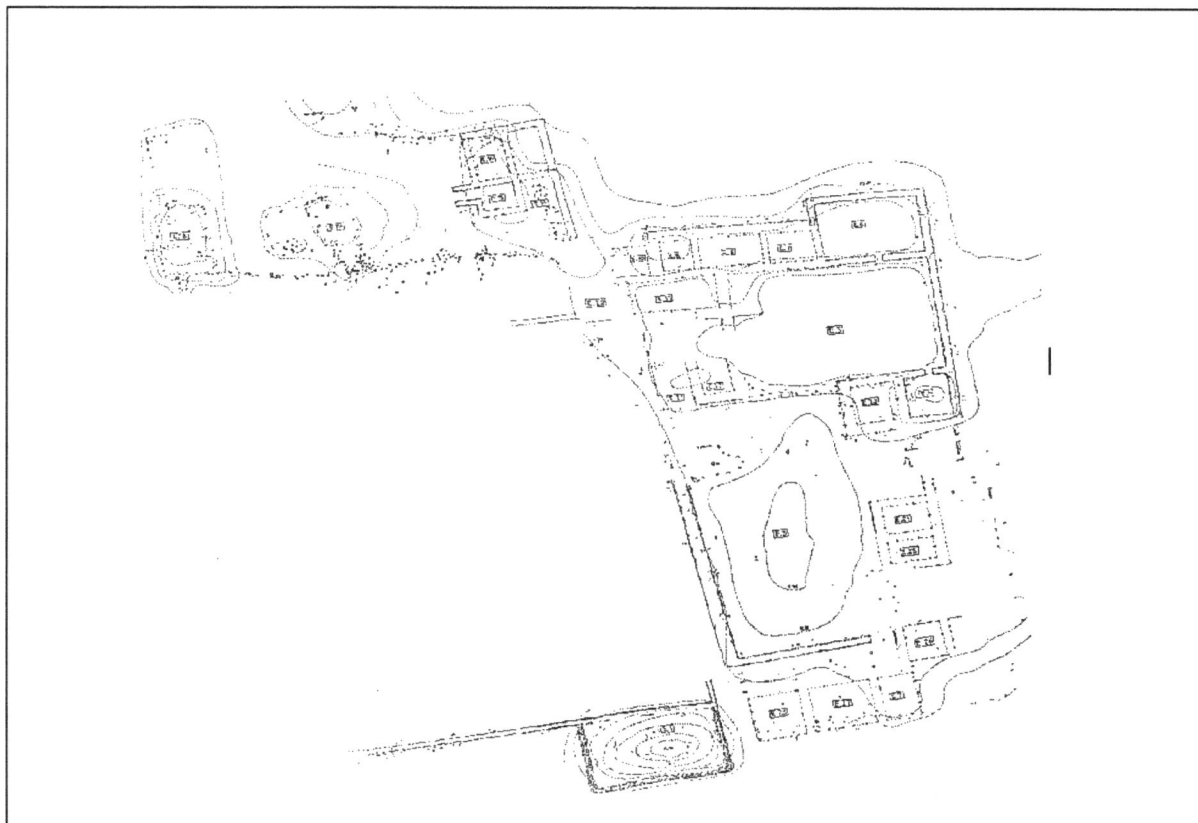

Figura 39: Planta del sitio Iglesia de los Indios (Extraído de Gordillo 1997)

por el plegado de una lámina de metal sobre sí misma. La estructura 5 consiste en una "unidad semicubierta, con galerías o aleros laterales adyacentes a los muros, apoyados sobre los mismos y con caída a un agua hacia el interior del recinto de aproximadamente" (Gordillo y Ares 2003) caracterizado como un patio de unos 588 m², ubicado en el sector noreste del sitio. Se halla rodeado de recintos residenciales (entre el que está la estructura 4), y por un muro perimetral que "encierra" las estructuras que forman este sector noreste del sitio. La estructura 5 presenta registro de múltiples actividades. A partir de las excavaciones llevadas a cabo en el sector noroeste del patio, se identificó un depósito antrópico con dos niveles de ocupación, el primero de ellos consistente en una capa de carbón irregular y discontinua, conformada por troncos, ramas y paja quemados, junto a piedras superpuestas y fragmentos del cuello y el cuerpo de grandes vasijas. Luego aparece un piso de ocupación, con presencia de bases y tiestos de alfarería, así como materiales quemados (troncos, ramas, frutos, etc.), restos óseos, implementos de molienda y el tubo, el alfiler y la cuenta de metal mencionados. Tal como viéramos en los sitios Martínez 1, Martínez 2 y Martínez 4, se observa una recurrencia entre estos sitios e Iglesia de los Indios, en cuanto a que existe un predominio de cerámica fina en contextos de habitación, mientras que en los patios aparece asociada en mayor medida alfarería del tipo ordinario, de grandes dimensiones. Tal es el caso del patio excavado en Iglesia de los Indios, donde la presencia de estas grandes *tinajas* de significativa capacidad permitieron interpretar ésta área del patio como un lugar de depósito o almacenaje a gran escala de frutos de chañar o de productos elaborados con los mismos (Gor-

Procedencia	Pieza	Cu	As	S	Pb
E4	Hacha	96,3	3,7	-	-
E4	Instrumento (Espátula ?)	94,4	5,9	-	-
E4	Cincel	-	-	-	-
E4	Objeto indeterminado	3,2	-	73,5	23,3
E7	Placa Cuchillo	99	-	-	-
E5	Aguja	99	-	-	-
E5	Cuenta	92	8	-	-
E5	Tubo	99	-	-	-
E1	Pinza	97,9	2,1	-	-

Tabla 3. Objetos de metal provenientes del sitio Iglesia de los Indios (Extraído de Gordillo y Buonno 2003)

dillo y Ares 2003), ilustrado por las grandes cantidades de este fruto halladas en el interior de las vasijas o sobre el piso, debajo de los derrumbes. Por otra parte, a partir del análisis de los huesos animales recuperados en el sitio, se postuló que en los patios probablemente se llevara a cabo parte del procesamiento de los animales, ingresando a las habitaciones las partes ya trozadas de mayor rendimiento. De esta manera, las autoras postulan a la estructura 5 de Iglesia de los Indios como un patio destinado a actividades múltiples, en donde los grandes recipientes de almacenamiento, junto con parte de su contenido y las características de los restos óseos, parecen indicar una producción a gran escala de alimentos de origen vegetal y animal, posiblemente destinada al consumo ritual, durante la última etapa de la ocupación del lugar (Gordillo y Ares 2003).

Elaborada en metal, sólo se halló una pinza dentro del material utilizado como relleno de la principal plataforma del sitio, la *estructura 1*, parte del área pública ritual del sitio Iglesia de los Indios.

Además, se halló una *placa-cuchillo* (*sensu* A. R. González, 1992) de diseño subrectangular y sin decoración, proveniente de un contexto correspondiente a un entierro de camélido por debajo del piso de ocupación de la habitación o estructura 7.

A excepción de la pinza, recuperada en la plataforma ceremonial, la totalidad de los instrumentos fueron hallados en un área residencial en el sector noreste del sitio. La totalidad de los objetos presentan como elemento base al cobre, y algunas piezas exhiben cantidades variables de arsénico, a excepción de la placa-cuchillo, cuyos análisis químicos indicaron la presencia de cobre como único elemento[13] (Tabla 3).

Es en este último objeto, en donde los autores centran su atención en este artículo. La placa-cuchillo fue sometida a análisis metalográficos, los cuales indicaron que parte de la pieza sufrió

---

13 Los autores presentan, además, un objeto procedente de la Estructura 4, cuya composición química no corresponde a una base cobre y, en principio, parece tratarse de un sulfuro de plomo o galena (PbS).

una deformación por trabajado en frío luego de un proceso de recristalización por trabajado en caliente. Este proceso de sucesivos trabajos en frío y caliente persiguió el endurecimiento de la zona del filo, zona que presenta una mayor dureza respecto del resto de la pieza. Varios autores han trabajado sobre las diferentes características físicas que el agregado de arsénico al cobre, o la fusión de un mineral que posee los dos elementos, tiene en comparación con las que exhibe un objeto que posee como único elemento al cobre (Lechtman 1999; Root 1949, entre otros). La presencia de arsénico, entre otras cosas, mejora la colabilidad del metal a la vez que favorece las condiciones para posteriores trabajos en frío, reduciendo su fragilidad, y eleva el punto de recristalización del cobre. Considerando estas cuestiones, los autores plantean que a pesar de no contener arsénico ni estaño (con las mejores consecuencias técnicas que esto implica), la placa fue diseñada para cumplir con una función específica, la de cortar materiales, inclusive de dureza considerable. Gordillo y Buonno (2003) plantean la aparente contradicción que suscita este objeto, en el que el trabajado en búsqueda de un filo activo y la ausencia de decoración clasifica a este objeto como utilitario, mientras que el contexto en que fue encontrado remite a un comportamiento ritual. Paralelamente, una pieza que podría haber sido clasificada como suntuaria u ornamental, la cuenta de collar, exhibe un porcentaje relativamente alto de arsénico en su composición, lo que sería esperable en objetos donde se buscara una dureza considerable (Gordillo y Buonno 2003).

CAPÍTULO 6: CONSIDERACIONES FINALES

Señalamos al principio de esta tesis que para acceder a los significados históricos que tuvieron los objetos de metal en el Valle de Ambato durante el Período de Integración Regional, debíamos recorrer una senda que comenzaría por la dimensión más objetual de los metales, es decir, por la caracterización de todas aquellas propiedades productivas, materiales, técnicas y funcionales, que nos permitiesen entender a los objetos de metal en sí mismos. Pero planteamos también que nuestro recorrido no culminaría en ese espacio, donde los objetos se convierten en los únicos puntos de convergencia de un entorno sin referencia y sin otro contenido que no sean ellos mismos, sino que continuaría por territorios en donde los mismos son ubicados en un entorno de múltiples dimensiones e interacciones. Es allí donde se vinculan con otros objetos, en diversos espacios y tiempos, y con diversos agentes sociales, contextos donde participan del particular juego dialéctico que se establece entre lo material y lo simbólico, y donde hallan sus sentidos de existencia y agencia. Comencemos entonces a transcurrir el último tramo del viaje que emprendimos.

Los objetos de metal del Valle de Ambato

El ámbito de extracción de los minerales con los cuales se producían los objetos de metal en el Valle de Ambato, involucraría escalas espaciales vinculadas a otros ámbitos regionales, muy probablemente el área de Andalgalá, donde se encuentran los yacimientos de Minas Capillitas, contenedores de minerales cuproarsenicales de enargita y tenantita, como los utilizados para la confección de los objetos de metal hallados en el valle. Como vimos, los resultados de los análisis de composición química que se le efectuaron a veinticuatro objetos de metal de diferentes sitios del valle, nos informaron acerca de la utilización de cobre puro y cobre arsenical en su confección (Apéndice 2).

Con respecto a las etapas iniciales del proceso de producción de los objetos de metal de Ambato, según la información que poseemos hasta el momento, al Valle de Ambato ingresaban minerales metalíferos, metal fundido en forma de lingotes y objetos ya confeccionados. Como dijimos oportunamente, en Piedras Blancas se recuperaron fragmentos de minerales de cobre y dos pequeños lingotes fundidos. Sin embargo, no hay hasta ahora ninguna evidencia de procesos de producción primaria que permita concluir que en el valle se fundieron minerales ni se confeccionaron lingotes. En todo caso, es muy probable que la reducción de los minerales se llevase a cabo en una zona cercana a las fuentes de aprovisionamiento de los mismos y, aún más probable, que la misma se efectuase en un área en la cual se tuviera acceso a los combustibles necesarios para llevar adelante las tareas de fundición (L. R González 1992). El Valle de Ambato satisface este último requisito, y de hecho, se ha constatado la presencia en el sitio Piedras Blancas de un pozo repleto de carbón de algarrobo destinado a la elaboración de objetos a partir del martillado y recocido de metales. Este contexto productivo parece revelar una organización eventualmente doméstica destinada a la producción en pequeña escala de útiles metálicos: un yunque, un martillo, combustible destinado a generar altas temperaturas, elementos todos vinculados a la producción de objetos de metal, aunque difíciles de integrar a un panorama de producción a gran escala.

Los objetos están confeccionados, y a partir de allí comienzan a participar en otras redes de interacción. Los treinta objetos analizados consisten en quince cinceles, seis pinzas, cuatro fragmentos indeterminados de probable uso ornamental, dos anillos, dos láminas enrolladas en sí mismas formando una especie de tubo, y un hacha. Además, entre los nueve objetos provenientes del sitio Iglesia de los Indios (Gordillo y Buonno 2003), encontramos un cincel, una aguja, una pinza, un hacha, una placa cuchillo, una cuenta, una lámina enrollada en forma tubular, un instrumento tipo espátula y un sulfuro de plomo o galena. Al menos veinte de estos objetos están elaborados a partir de láminas más o menos gruesas de metal, como son los anillos, uno de los fragmentos de probable uso ornamental, las láminas enrolladas en forma tubular y gran parte de los cinceles descriptos. Otros objetos, como son el fragmento de hacha, las valvas de pinzas, los dos fragmentos de objetos con caracteres zoomorfos y algunos cinceles, debieron requerir la utilización de moldes en su confección, aunque no podemos aún precisar otros aspectos de las características que involucró su manufactura.

De los quince cinceles analizados, puede hacerse una primera distinción entre aquellos que por sus características morfológicas pudieron haber estado enmangados (Objetos N° 4a, 4b, 19, 36, 83, 84 y 85), ya que presentan uno de sus extremos achatado, y el otro aguzado, sección en la que pudo haber ido adosado un mango. Un segundo grupo de cinceles presenta la característica de poseer ambos extremos achatados en forma de cuña (Objetos N° 3 y 60). Un tercer conjunto de cinceles se encuentra en mal estado de conservación o se hallan fracturados, por lo que se torna dificultosa su clasificación (Objetos N° 1, 2, 102 y 103, 104). Por último, uno de los cinceles (Objeto N° 8) presenta la característica de ser de tamaño marcadamente mayor con respecto a los demás cinceles hallados y, por el aguzamiento que presenta hacia uno de sus extremos, podría haber estado enmangado. Estos artefactos estuvieron involucrados como instrumentos en trabajos de alfarería y quizás también madera.

Las seis pinzas de metal que encontramos en el Valle de Ambato, se hallaron fragmentadas, cinco de ellas consistentes en una valva con parte del mango (Objetos N° 20, 89, 25, 202 y 0748), y una con sólo un pequeño fragmento de lo que pudo ser el mango (Objeto N° 14). Todos los objetos parecen haber sido utilizados para agarrar otros sólidos, a excepción de uno de ellos (Objeto N° 202) que pudo haber formado parte de un tupu o alfiler.

Los cuatro objetos indeterminados de probable uso ornamental consisten en fragmentos de piezas que poseen ciertos atributos que permiten adscribirle esa función. El orificio que presenta una de las piezas (Objeto N° 3852) pudo haber servido para pender de alguna parte del cuerpo o de vestimentas, pudiendo haber formado parte de un atavío personal, al igual que los fragmentos con caracteres zoomorfos y antropomorfos con pequeños agujeros pasantes (Objetos N° 12a y 12b).

Los dos anillos analizados (Objetos N° 86 y 2242) se hallaron fracturados y en avanzado estado de corrosión, habiendo cumplido quizás una función ornamental.

Los dos fragmentos de lámina enrolladas sobre sí mismas en forma tubular (Objetos N° 6 y 0674) pudieron haber formado parte de unos instrumentos mayores, similares a los que presenta Mayer (1992) como «artefactos con tubo», como oportunamente desarrollamos.

Las hachas halladas en el valle consisten en un fragmento (Objeto N° 101) similar a las «hachas T» que presenta A. R González (1992: 157) para la cultura de la Aguada, y en un ejemplar completo recuperado en el sitio Iglesia de los Indios.

Hallamos entonces en los objetos de metal del Valle de Ambato, un espectro de funciones posibles a partir de sus propiedades de diseño, forma, resistencia, etc., que apuntan a su participación en diversas esferas, tales como la producción artesanal o su uso en el atavío personal.

Ahora bien, hasta este punto hemos caracterizado a los objetos en el marco de su producción, de su descripción, de sus composiciones químicas elementales y de su ubicación en un determinado tipo o clase de objeto según su funcionalidad específica. Pero como planteáramos a lo largo de esta tesis, la perspectiva que aquí asumimos contempla la variabilidad y la significatividad de los objetos como producto de la acción social situada históricamente. Para ello iremos más allá de la caracterización de los objetos en sí mismos, acercándonos a las prácticas en las cuales intervinieron y en las cuales sus existencias adquirieron diversos sentidos.

Los objetos de metal más allá de sí mismos: sus contextos de interacción

Los contextos en los que intervinieron los objetos metálicos que analizamos en esta tesis, nos refieren en primer lugar a distintas prácticas llevadas a cabo en los sitios excavados en el Valle de Ambato, prácticas en las que se intersectan diferentes escalas temporales, espaciales y sociales. Al menos tres son las **escalas temporales** implicadas en nuestro análisis de los objetos de metal del Valle de Ambato: la de las *contingencias* en donde participan los objetos, la de la *biografía* de los mismos, y la del *tiempo largo*. Estas escalas temporales involucran diferentes espacialidades, **escalas espaciales** de diferentes nivel de restricción material: los *enterratorios*, las *habitaciones*, los *patios*, los *montículos*. Estas escalas, a su vez, implican la agencia de diversas *personas* y *grupos de personas*, parte de las **escalas sociales** implicadas en nuestro análisis.

Dijimos que una de las escalas temporales involucradas en los contextos prácticos era aquella de la contingencia, ese tiempo de la práctica en donde se activan las categorías movilizando el pasado hacia el presente contingente, desactivándolas y por ello reafirmándolas, situándolas de esta manera en estructuras que al momento de producirse la acción se encuentran incorporadas como habitus de reproducción social. Es esta escala contingente de la práctica la que abordamos como eje para, a partir de allí, articular las diferentes dimensiones en las que participan de diversas maneras los objetos de metal en Ambato. Empecemos analizando a los objetos de metal en relación a cada una de las prácticas concretas en las que participaron.

Produciendo vasijas

Los objetos de metal intervienen directamente, como vimos, en la producción de alfarería, práctica productiva que se lleva a cabo en las áreas abiertas de los recintos habitacionales, patios y/ o galerías. Con los cinceles se desbastan las superficies de las vasijas que luego se destinarán al almacenamiento de diferentes productos. En la intervención de los cinceles durante los procesos de manufactura de estas grandes vasijas, converge una serie de dimensiones que trascienden la contingencia del momento de ejecución práctica en el cual la vasija se encuentra con el cincel. En ese momento se intersectan por lo menos dos temporalidades diferentes: la del tiempo biográfico de los cinceles y la del tiempo biográfico de las vasijas. Estas temporalidades nos refieren a las historias de vida particulares de cada uno de ellos, biografías que en el momento de su encuentro, a la vez que son traídas desde el pasado al presente, son desactualizadas al ser ejecutada la práctica en la que intervienen, y así incorporadas como habitus. En ese preciso instante, el cincel reafirma su historia particular y su rol como productor de la vasija. Y es en este sentido que la historia de su producción, sus atributos técnicos, su composición elemental y su funcionalidad adquieren un sentido no ya por sí mismos, sino aún más allá del propio cincel,

al incorporarse en una trama donde adquiere significatividad conjunta con las vasijas que ayuda a confeccionar, cuyas historias particulares son también reafirmadas, como vemos a continuación.

Nuevas dimensiones son puestas en juego cuando analizamos estas grandes vasijas en su historia biográfica posterior, no ya cuando están siendo elaboradas, sino cuando participan en las prácticas de almacenamiento y probablemente cocción de alimentos para las que fueron construidas. Un conjunto de estas vasijas contenía frutos de chañar, y por su significativa capacidad y la frecuencia que presentaron, se interpretó que su contenido, frutos de chañar o productos elaborados con los mismos, estaba destinado a un consumo más amplio que el familiar, e incluso al de la población residente en el sitio donde fueron halladas, Iglesia de los Indios (Gordillo 2004. Otro conjunto de estas vasijas contiene huesos humanos y de camélidos mezclados, y aparecen almacenados tanto en patios como en habitaciones. Los huesos humanos, como vimos, aparecen dislocados, sin una articulación anatómica completa, asimétricamente dispuestos, en donde el *individuo* como categoría social desaparece dando paso a un *colectivo*, quizás anónimo, que aparece vinculado a los huesos de camélidos, también descarnados, quemados y desarticulados, formando ambos parte de un mismo contenido. Al momento de almacenarse los huesos dentro de las vasijas, se intersectan por lo menos cuatro escalas temporales: la biografía de las vasijas, la de las personas introducidas en éstas, la de los camélidos, y la biografía de aquellos que ejecutaban el acto de introducir los huesos dentro de las vasijas y almacenarlas dentro de las habitaciones y los patios de las unidades residenciales.

Como dijimos oportunamente, no estamos en condiciones de afirmar las relaciones sociales establecidas entre las personas introducidas en las vasijas –y para el caso, también entre los camélidos- y las personas que llevaban adelante estas prácticas de almacenamiento; desconocemos de igual manera los «modos de muerte» de estos seres y las relaciones sociales que se producían y reproducían a través de estas prácticas. Pero lo relevante para nuestro caso, es que son estas historias particulares de las grandes vasijas las que se incorporan como habitus cuando los cinceles se vinculan con ellas al momento de su confección, y esta es justamente la dimensión donde los cinceles adquieren un doble sentido de significación, no sólo ya como los productores de las vasijas, sino como reproductores de las historias de estas vasijas de almacenaje, donde se guardan huesos humanos y de camélidos, y alimentos que garantizan la reproducción del grupo social.

Pero ¿qué otras dimensiones se hacen presentes al momento de estar confeccionándose estas vasijas? La estandarización en la producción cerámica de estas grandes piezas ordinarias o toscas ya fue propuesta para el período que abordamos (Fabra 2002), y fue sugerida en este sentido una diversificación de roles sociales vinculados a una producción tendiente a la especialización. Así, estas grandes vasijas son confeccionadas por un grupo de productores alfareros. Cada vez que sus manos sujetan cinceles y desbastan estas piezas cerámicas, sus existencias y agencias son reproducidas y así vueltas naturales. Es en el interjuego productivo recurrente entre los ceramistas, los cinceles y las vasijas, donde los artesanos se reproducen como tales, como una categoría social particular dentro de la sociedad de Ambato.

Acompañando difuntos

Dentro de las habitaciones, espacios materialmente más restringidos de interacción social, los metales participan como ajuar funerario de enterratorios humanos y de camélidos. La tumba del infante se dispone, como vimos, por debajo de un muro dentro de un recinto. El esqueleto del niño se halla completo, anatómicamente dispuesto y acompañado por un tiesto, una astilla de hueso, dos objetos ornamentales de metal, cuatro falanges de felino, una hoja de mica, una estatuilla de cerámica, una cuchara de hueso y demás fragmentos cerámicos alrededor de la tumba. Al momento de cavarse el pozo y disponerse su contenido dentro de él, el niño y los objetos con él enterrados son introducidos en un momento particular de su biografía, y son estas múltiples temporalidades las que aquí se intersectan. Así por ejemplo, la historia del anillo –ya sea que se haya fabricado para esa ocasión o haya tenido una historia más larga vinculada al niño o a algunos de los que participaron en el evento del entierro- al ingresar en ese espacio se inmoviliza, en tanto el objeto queda encerrado discretamente en la tumba. Esta inmovilización implica la fijación de las relaciones que el anillo pudo haber tenido con el niño en vida y con aquellos que lo enterraron. Este proceso no sólo se produce con el anillo sino con todos los objetos allí colocados. A partir de que se los entierra, las discontinuidades que implican las biografías de cada uno de ellos quedan inmovilizadas en la tumba, adquiriendo una nueva significación en la que otra dimensión temporal es puesta en movimiento, aquella del largo término.

Pero no es solamente en la tumba del niño donde los objetos de metal se integran en un tiempo más largo. También en las habitaciones, como vimos, se disponen enterratorios de camélidos. Uno de estos enterratorios consiste en un esqueleto al que se asocia un objeto de metal, una placa-cuchillo con el que probablemente se lo sacrificó. El esqueleto del camélido se halla completo, sin marcas de corte, sin huellas de sometimiento a fuego ni almacenado de forma desarticulada e incompleta como ocurre con los animales introducidos dentro de las grandes vasijas ordinarias. La depositación de este camélido es similar al camélido neonato que se encontró enterrado como sacrificio en el marco de la fundación del contexto donde se producían objetos de metal, cuyo esqueleto también se halló completo, depositado justo por debajo de donde se realizaban las actividades metalúrgicas, con la parte superior quemada como resultado del calor recibido desde arriba, aunque ambos participan junto a los metales de manera diferente. En este caso, el camélido propicia la producción de objetos de metal, y se vincula a ellos en el momento inicial de su biografía, dándoles nacimiento. En el otro caso, la relación entre objetos de metal y camélidos se da a la inversa. El objeto de metal propicia la muerte del camélido, y ambos son enterrados e introducidos así en una escala temporal mayor a la de la eventualidad de su depositación, similar a lo que ocurre con la introducción de los metales en la tumba del infante.

Aún cuando en los enterratorios de humanos y de camélidos los objetos de metal se incorporan en escalas temporales mayores a la del tiempo de ejecución de las prácticas en las que intervienen, existen otras dimensiones espacio-temporales en las que ya no sólo se incorporan los objetos de metal en categorías temporales

mayores, sino que, junto a ellos, lo hace la totalidad de la cultura material con la que los habitantes del Valle de Ambato interactuaron a lo largo de sus vidas: los montículos.

Fundiendo historias: la depositación de objetos en los montículos

Mucho se ha discutido en torno al significado que pudieron haber tenido las acumulaciones de material que, asociadas a los sitios arqueológicos, se erigen en forma de montículos a lo largo y a lo ancho del Valle de Ambato (Gastaldi 2003; Haber et al. 2000). Los montículos se encuentran en toda la extensión espacio-temporal del valle, y es esta permanencia del montículo por un gran período de casi mil años, junto con la variedad de inclusiones que lo conforman, lo que ha suscitado los interrogantes que en torno a él se generan. Lo cierto es que no se trata de estructuras erigidas de una sola vez, sino que son acumulaciones producto de la depositación sucesiva de materiales. Más allá de las discusiones acerca de las diversas funciones que pudieron haber cumplido los montículos, en nuestro caso es relevante el hecho de lo que esta depositación de materiales significa: la inclusión de objetos en algún momento particular de su vida.

En los montículos se juntan las biografías de la totalidad de los objetos con los que las personas que habitaban el Valle de Ambato interactuaban en su vida: diversas clases de cerámicas, huesos de animales, huesos humanos, artefactos líticos, cuentas de collar, minerales, pigmentos, adobes, arcillas, vegetales, carbón, objetos de metal. Los objetos de metal depositados en los montículos se encuentran tanto fragmentados, sin posibilidades de seguir siendo usados

–cuatro pinzas, un tubo enrollado en forma tubular, un objeto indeterminado, un hacha y tres cinceles- como enteros, que sí podrían haber seguido siendo utilizados –dos cinceles-. Más allá de los diferentes momentos de la trayectoria biográfica en que cada uno de los objetos está siendo inserto dentro de los montículos -algunos al final de su vida útil y otros aún con posibilidades de uso- al momento de su depositación comienzan a participar en una sucesión diacrónica que contempla una temporalidad que trasciende a todas las demás. Cualquier significación que hubiese tenido cada objeto, no ya sólo los de metal, en los contextos de interacción en los que haya intervenido previamente a ser depositado en los montículos, queda fijada ahora en un tiempo que supera tanto el tiempo de las prácticas en las que intervinieron en su vida útil, como el tiempo biográfico de cada uno de ellos. Esto es reafirmado, si pensamos que los objetos de metal rotos pueden ser refundidos y creados así nuevos objetos. Sin embargo, la presencia de estos fragmentos de objetos y, aún más, la inclusión en los montículos de piezas enteras y de lingotes listos para ser trabajados, pone en evidencia que la posibilidad técnica que brinda el metal de volver a fundirse una vez hecho objeto, no fue elegida como una opción por parte de las personas que sí, en cambio, los incorporaron en los montículos.

En los montículos convergen todas las escalas temporales, todas las escalas espaciales y todas las escalas sociales de las prácticas en las que participaron cada uno de los objetos que fueron allí depositados. Podemos decir entonces, que el montículo es aquella dimensión espacio-temporal donde las historias de aquellos que vivieron en el valle, se fundieron más allá de él, llegando así a nuestro encuentro.

La categorización histórica de los objetos de metal en el Valle de Ambato

Fue nuestro objetivo a lo largo de esta tesis comprender el papel que jugaron los objetos de metal en los diversos contextos en los que intervinieron, en el marco de una sociedad caracterizada por la desigualdad social, la de Aguada en el Valle de Ambato. Nuestro objetivo se fundamentó en la necesidad de trascender las arbitrarias clasificaciones tradicionalmente aplicadas sobre los objetos de metal en «utilitarios» y «simbólicos o suntuarios», visión que los consagró a interpretaciones anticipadas a cualquier consideración situacional, impidiendo una caracterización reflexiva del rol jugado por los diversos objetos de metal en los también diversos contextos en los que participaron durante su vida. Aún más, nuestra perspectiva nos permitió comprender que «lo metálico» como componente material del conjunto de objetos que analizamos, es un elemento que los unifica como una categoría particular de objeto, sólo al inicio de sus trayectorias biográficas. Al momento en que se los confecciona, todos participan en una dimensión donde convergen las mismas escalas temporales, espaciales y sociales. Pero cuando sus biografías divergen, y cada uno de los objetos comienza a participar en prácticas interactivas concretas con otros objetos, en diversos espacios y tiempos y con diversos agentes sociales, se constituyen en categorías particulares no ya por compartir el atributo de «ser de metal», sino por asociaciones específicamente vinculadas a los contextos en los que se integran. Así, los cinceles que participaron en los contextos productivos de alfarería, se constituyeron en categorías particulares vinculadas a las grandes vasijas ordinarias y a los alfareros que las construyeron, categorías en las que nada se vinculan a, por ejemplo, el anillo dispuesto en la tumba del infante o el fragmento de hacha depositado en el montículo de Piedras Blancas. Vimos de este modo el papel que jugó un grupo de objetos en el refuerzo de la identidad social de un pequeño enterrado bajo el piso de un recinto, del mismo modo que pudimos comprender el rol que jugó un grupo de cinceles en la reproducción de la escala social que significó la especialización artesanal de cerámica en la sociedad que entre el 600 y el 1200 de la era, vivió en el Valle Ambato.

Esperamos de este modo haber contribuido a generar nuevas formas de interpretar a los objetos de metal, contemplándolos en una dimensión abarcadora, inquiriendo en la significatividad que comportaron en el pasado más allá de sí mismos.

REFERENCIAS BIBLIOGRÁFICAS

Ambrosetti, J.B.

1904   El bronce en la región calchaquí. Anales del Museo Nacional de Buenos Aires 3, 1:119- 148.

Angelelli, V.

1984   Yacimientos minerales de la República Argentina. Vol 1. Comisión de Investigaciones científicas de la Provincia de Buenos Aires. UNLP. Instituto de Geología Aplicada, La Plata.

Angiorama, C.

2001   Objetos metálicos, yacimientos minerales y antiguos metalurgos. Aspectos de la Metalurgia Prehispánica en la Quebrada de Humahuaca (Jujuy, Argentina). Arqueología Espacial, 23. Arqueología Espacial en Iberoamérica. Teruel: 39- 65.

Ardissone, R.

1941   La instalación humana en el Valle de Catamarca. Estudio Antropogeográfico. Biblioteca de Humanidades. Tomo XXVII. Ed. Facultad de Humanidades y Ciencias de la Educación. Universidad Nacional de la Plata, La Plata.

Assandri, S.

1991   Primeros resultados de la excavación en el sitio Martínez 1 (Scat.Amb.001) (Pcia. de Catamarca, Argentina). Publicaciones del CIFFYH Arqueología Vol. 46 1986- 1991.

2003   Desigualdad y heterogeneidad en el uso del espacio en sociedades Aguada del valle de Ambato, Catamarca. Trabajo presentado a las V Jornadas La cultura de la Aguada y su dispersión. UNLAR, La Rioja. (En prensa).

Assandri, S. y A. Laguens

2003   Asentamientos aldeanos Aguada en el Valle de Ambato. Actas del XIII Congreso Nacional de Arqueología Argentina, T.III. pp 31-40. Córdoba.

Assandri S., A. Ávila, R. Herrero y S. Juez

1991   Introducción a la biogeografía y arqueología del Valle de Ambato (Provincia de Catamarca, Argentina). Publicaciones del CIFFYH Arqueología Vol. 46 1986- 1991.

Ávila, A y R. Herrero

1991   Secuencia estratigráfica del sitio arqueológico Martínez 3 (ScatAmb 003) Dpto. Ambato, Catamarca. Publicaciones del CIFFYH Arqueología Vol. 46 1986- 1991.

Binford, L.

1962   Archaeology as Anthropology. American Antiquity 28: 217- 225.

1965   Archaeological Systematics and the Study of Culture Process. American Antiquity 31:203-210.

1992   Mirar el presente e interpretar el pasado –y mantener las cosas claras-. Space, Time, and Archaeological Landscapes. J. Rossignol and L. Wandsnider (Ed.). Trad. por R. Montani.

Plenum Press, New York.

Bintliff, J.

1991   La contribución a la arqueología de un enfoque histórico- estructuralista (Annaliste). The Annales School and Archaeology. Trad. por M. Quesada y G. Granizo. Ed. J. Bintliff, pp. 1-33. Leicester University Press. 1991.

Boast, R.

1990   The Categorization and Design Systematics of British: A re-examination. Tesis doctoral. University of Cambridge.

Bourdieu, P.

1977 [1972]   Outline of a Theory of Practice. Trad. por R. Nice. Cambridge University Press, Cambridge.

1988   Cosas Dichas. Trad. Por M. Mizraji. Editorial Gedisa, Barcelona.

Bourdieu, P. y L. Wacquant

1995   Respuestas por una Antropología Reflexiva. Trad. por H. Levesque Dion. Grijalbo, México.

Cabanillas, E. D., L. R. González y T. A. Palacios

2002   Three new Aguada bronze plaques from Northwest Argentina. Institute of Archaeo- Metallurgical Studies N° 22. Institute of Archaeology, University College, London

Cabrera, C.

1976   Regiones fitogeográficas argentinas. Enciclopedia Argentina de agricultura y jardinería Vol. 2: 1-85.

Campo, P.

2001   Los materiales refractarios empleados en la producción metalúrgica del Valle de Santa María (N.O.A.) Tesis de Licenciatura inédita. Universidad de Buenos Aires.

Caro M.

2002   Desigualdad social y su registro arquitectónico en el sitio arqueológico Piedras Blancas. Publicación digital. http://www.ffyh.unc.edu.ar/secretarias/cyt/jor2002/IIIjor.htm en Marginalidad social y vulnerabilidad: diversidad, desigualdad y pobreza.

Cruz P.

2000   La muerte y sus manifestaciones en el valle de Ambato. Resúmenes IV Mesa redonda La Cultura La Aguada y su dispersión. Universidad Católica del Norte. Instituto de Investigaciones Arqueológicas y Museo. San Pedro de Atacama. Chile.

Dobres, M. y C.R. Hoffman

1994   Social Agency and the Dynamics of Prehistoric Technology. Journal of Archaeological Method and Theory 1 (3): 211- 258.

Easby, D.

1974 [1966]   Early Metallurgy in the New World. New World Archaeology. Theoretical and cultural transformations. Readings from scientific american. W.H. Freeman and Company. San Francisco

Espósito, G. y M. B. Marconetto

2004   Metalurgia y recursos forestales en el Valle de Ambato (Pcia. de Catamarca). Trabajo presentado en el XV Congreso Nacional de Arqueología Argentina, Río Cuarto, Córdoba. En prensa.

Fabra, M.

2002a Producción tecnológica y cambio social en sociedades agrícolas prehispánicas (Valle de Ambato, Catamarca). Tesis de Licenciatura inédita. Escuela de Historia.

Universidad Nacional de Córdoba.

2002b Especialización artesanal y desigualdad social en sociedades agrícolas prehispánicas (Valle de Ambato, Catamarca) Publicacion digital. http://www.ffyh. unc.edu.ar/secretarias/cyt/jor2002/IIIjor.htm en Marginalidad social y vulnerabilidad: diversidad, desigualdad y pobreza.

Fester, G. A y J. A. Retamar

1956 Examen de piezas metálicas procedentes de Catamarca. Revista de Ingeniería Química, Vol. XXV, N° 39. Universidad de Concepción, Santa Fe.

Fried, M.

1960 On the Evolution of Social Stratification and the State. Culture is History, Stanley Diamond ed. New York. Columbia University Press.

García, L.

1988 Etnoarqueología: manufactura de cerámica en Alto Sapagua. Arqueología Contemporánea Argentina. Actualidad y perspectivas. Ediciones Búsqueda. Buenos Aires.
Gastaldi, M.

2003 Proyecto de Doctorado Universidad Nacional de La Plata. Ms.

Giddens, A.

1984 The Constitution of Society. Outline of the Theory of Structuration. University of California Press, Berkeley and Los Angeles.

1987 Las Nuevas Reglas del Método Sociológico. Crítica positiva de las sociologías interpretativas. Trad. por S. Merener. Amorrortu editores, Buenos Aires.

González, A. R.

1955 Contextos culturales y cronología relativa en el área central del Noroeste Argentino (nota preliminar) Anales de Arqueología y Etnología. Tomo 9, año 1950. Mendoza.

1961- 64 La cultura de La Aguada del Noroeste argentino. Revista del Instituto de Antropología I, II, Córdoba.

1975 Pre- Columbian Metallurgy of Northwest Argentina: Historical Development and Cultural Process. Dumbarton Oaks Conference on Pre- Columbian Metallurgy of South America. Washington D.C.

1979 Dinámica cultural del Noroeste argentino. Evolución e Historia en las culturas del Noroeste Argentino. Antiquitas 28, 29. Mayo- Noviembre, Buenos Aires.

1992 La metalurgia precolombina de Sudamérica y la búsqueda de los mecanismos de la evolución cultural. Prehistoria Sudamericana. Nuevas Perspectivas. Betty J. Meggers Editor. Taraxacum- Washington.

1998 Cultura La Aguada. Arqueología y Diseños. Filmediciones Valero, Buenos Aires.

González, A. R y J. A. Pérez Gollán

1976 Argentina indígena, vísperas de la conquista. Historia Argentina Vol. 1. Editorial Paidos, Buenos Aires.

González, L. R.

1992 Fundir es morir un poco. Restos de actividades metalúrgicas prehispánicas en el Valle de Santa María, Pcia. de Catamarca. En: Palimpsesto. Revista de Arqueología N° 2 Pp. 51- 70

1994 Recursos y organización de la producción metalúrgica prehispánica en la región Centro Sur. Un caso de estudio. Actas de las XIII Congreso Nacional de Arqueología Chilena. Antofagasta: 106- 125.

1997 Cuerpos ardientes. Interacción surandina y tecnología metalúrgica. En Estudios Atacameños N° 14.

1999 Bronce bajo el sol. Metalurgia Prehispánica en el Noroeste Argentino. En Masked Histories. A re- examination of the Rodolfo Schreiter Collection. Etnologiska Studier 43, Gutemberg.

2004 Bronces sin nombre. La metalurgia prehispánica en el Noroeste Argentino. Ediciones Fundación Ceppa, Buenos Aires.

González, L. R y H. Buonno

2004 De campanas y campaneros. Experimentos en metalurgia prehispánica. Actas del XV Congreso Nacional de Arqueología Argentina.

Gordillo, I.

1995 Arquitectura y religión en Ambato. Organización socio-espacial del ceremonialismo. Publicaciones del CIFFYH Arqueología Vol. 47, 55-110, Córdoba.

1997 Una cuestión de tiempo. Shincal: 6:15-25. Volumen especial III Mesa Redonda «La cultura de La Aguada y su dispersión». Universidad Nacional de Catamarca.

Gordillo, I. y Ares, L.

2003 Ingresando a los patios de La Rinconada (Ambato, Catamarca). Trabajo presentado a la V Mesa Redonda La cultura de la Aguada y su dispersión. Universidad Nacional de La Rioja. Ms.

Gordillo, I. y H. Buonno

2003 La metalurgia Aguada en el sitio La Rinconada. Trabajo presentado a la V Mesa Redonda La cultura de la Aguada y su dispersión. Universidad Nacional de La Rioja. Ms.

Gordon Childe, V.

1954 Los orígenes de la civilización. Fondo de Cultura Económica. México.

Gosden, C. y Y. Marshall

1999 The cultural Biography of Objects. World Archaeology 31 (2): 69- 178.

Haber, A., A. Laguens y M. Bonnin

2000 Las áreas valliserranas: modalidades narrativas. Shincal 6: 59-64. III Mesa Redonda sobre la Cultura de La Aguada y su Dispersión. Escuela de Arqueología, Universidad Nacional de Catamarca.

Hagstrum, M. B.

1992 Intersecting Technologies: Ceramics, Metallurgy, and the Organization of Specialized Craft Production in the Inka State. American Antiquity, Current Anthropology. Ceramic Ecology '92. American Anthropological Association 91st Annual Meeting. San Francisco, California.

Herrero, R y A. Ávila

1991 Excavaciones arqueológicas en la unidad residencial ScatAmb 004 (Martínez 4) del Período de Integración Regional. Publicaciones del CIFFYH Arqueología Vol. 46 1986- 1991.}

Hodder, I.

1987 Archaeology as Long- Term History. I. Hodder (Ed.) Cambridge University Press, Cambridge. Informe CONEA 1996.

Juez, S.

1991 Unidad Arqueológica Rodeo Grande, Valle de Ambato: Excavaciones en el sitio Martínez 2 (ScatAmb 002) (Catamarca, Argentina). Publicaciones del CIFFYH Arqueología Vol. 46 1986-1991.

Juez S., S. Ochoa y D. Quiroga

2003 Análisis pre-iconográfico de figuras humanas en la cerámica Aguada gis/negra grabada de Ambato. Trabajo presentado a las V Jornadas La cultura de la Aguada y su dispersión. UNLAR, La Rioja. (En prensa).

Knapp, A. B.

1992 Archaeology, Annales and Ethnohistory. Cambridge University Press, Cambridge.

Laguens, A. G.

2001 Sitio arqueológico Piedras Blancas: economía y sociedad en el Valle de Ambato, Catamarca, Argentina. Estudios Atacameños, Chile. En prensa.

2002 Desigualdad social y cultura material en contextos arqueológicos. El caso del Valle de Ambato, Catamarca. Publicacion digital. http://www.ffyh.unc.edu.ar/secretarias/cyt/jor2002/IIIjor.htm en Marginalidad social y vulnerabilidad: diversidad, desigualdad y pobreza

2003 Continuidad y ruptura en procesos de diferenciación social en comunidades aldeanas del valle de Ambato, Catamarca, Argentina. Trabajo presentado al Congreso de Americanistas, Santiago, Chile. Chungara. (En prensa)

Laguens, A. y S. Juez

2001 Especialización en la manufactura cerámica de pucos Aguada. Actas del XIII Congreso Nacional de Arqueología Argentina, Córdoba. Tomo I pp. 489-504.

Laguens A. y J.A. Pérez Gollán

2001 Les cultures Tiahuanacu et Aguada: Anciennes et nouvelles lectures. Dossiers d'Archeologie 262: 78-86

Lambert, J.

1997 Traces of the past. Unraveling the secrets of Archaeology through chemistry. Helix Books, Massachusetts.

Lechtman, H.

1976 A Metallurgical Site Survey in the Peruvian Andes: Journal of Field Archaeology 3: 1- 42

1984 Precolumbian surface metallurgy. Scientific American 250, 6: 38- 45. New York.

1988 Arqueología de las Américas. 45° Congreso Internacional de Americanistas. Bogotá.

1991 La metalurgia precolombina: tecnología y valores. En Los Orfebres Olvidados de América: 9- 18. Museo Chileno de Arte Precolombino, Santiago de Chile.

1999 Afterwords. The Social Dinamics of Technology. Practices, Politics, and World Views. Edited by Marcia- Anne Dobres and Christopher R. Hoffman. Smithsonian Institution Press, Washington and London.

Lechtman, H. y A. R. González

1991 Análisis técnico de una campana de bronce estañífero de la cultura Santa María, Noroeste argentino. Boletín del Museo de Arte Precolombino N° 5, pp. 81- 86, Santiago de Chile.

Marconetto, M.B.

2003 Recursos forestales: Oferta y disponibilidad en contextos Aguada. Trabajo presentado a las V Mesa Redonda La cultura de la Aguada y su dispersión. Universidad Nacional de La Rioja. En prensa.

2004   Recursos forestales y el proceso de diferenciación social en tiempos prehispánicos en el Valle de Ambato, Catamarca. Tesis de Doctorado inédita. Universidad Nacional de La Plata.

Mayer, E.

1992   Armas y herramientas de metal prehispánicas en Ecuador. Ava Materialien 47. Mainz y Rhein.

Miller, D. y C. Tilley

1996   Editorial. Journal of Material Culture 1 (1): 5- 14.

Núñez Regueiro, V.

1974   Conceptos instrumentales y marco teórico en relación al análisis del desarrollo cultural del Noroeste Argentino. Revista del Instituto de Antropología N° V: 169- 191.

1992   La metalurgia de Condorhuasi-Alamito (Siglos III al V D.C). Anales de Arqueología y Etnología 46/47. Universidad Nacional de Cuyo, Mendoza: 107-164.

Pedersen, A.

1952   Objetos de bronce de la zona del Río Salado. Proceedings of the 30° International Congress of Americanists. The Royal Anthropological Institute, Londres: 92-100.

Pérez Gollán, J.A.

1991   La cultura de la Aguada vista desde el Valle de Ambato. Publicaciones del CIFFYH Arqueología Vol. 46 1986-1991.

1994   El proceso de integración en el valle de Ambato; complejidad social y sistemas simbólicos. Rumitacana. Revista de Arqueología. Año 1. N° 1.

Pérez Gollán, J. A. y O. Heredia

1987   Hacia un replanteo de la cultura de la Aguada. Cuadernos del Instituto Nacional de Antropología 12 (1987), Buenos Aires, pp. 161- 178.

Pifferetti, Adrián Ángel

1999   Arqueometalurgia de Condorhuasi- Alamito. Actas del XII Congreso Nacional de Arqueología Argentina. Vol. 1: 129-138. La Plata.

Pollard, G

1981   The Bronze Artisans of Calchaqui. Early Man Vol. 3, N° 4

Root, W.

1949   Metallurgy. Handbook of South American Indians. J. Steward ed. Bureau of American Ethnology. Bull. 143. Vol. 5, pp. 205- 255. Washington.

Service, E.

1975   Los orígenes del Estado y la Civilización. El proceso de la evolución cultural Editorial Alianza, Buenos Aires.

Scattolin, C. y V. Williams

1992   Actividades minero-metalúrgicas prehispánicas en el Noroeste Argentino; Nuevas evidencias y su significación. En Bull. Inst. Fr. Etudes Andines 21: 1, 59- 87. Lima.

Shanks, M. y C. Tilley

1987   Re- Constructing Archaeology. Theory and Practice. Cambridge University Press, Cambridge.

Shimada, I.

1985   Perception, Procurement, and Management of Resources: Archaeological Perspective. In: Andean Ecology and Civilization. An Interdisciplinary Perspective on Andean Ecological Complementarity. Edited by Shoko Masuda, Izumi Shimada, and Craig Morris. University of Tokio Press.

Tarragó, M.

1992   El Formativo y el surgimiento de la complejidad social en el Noroeste argentino. En Una evaluación del formativo sudamericano. Smithsonian Institution, Washington.

Tarragó, M. y L. R. González

1998   La producción metalúrgica prehispánica en el asentamiento de Tilcara (Prov. de Jujuy). Estudios preliminares sobre nuevas evidencias. En Los desarrollos locales y sus territorios. Arqueología del NOA. Compiladora M. Cremonte. Universidad Nacional de Jujuy, San Salvador de Jujuy: 179- 198.

Treherne, P.

1995   La belleza del guerrero: el cuerpo masculino y la identidad del yo en la Europa de la Edad del Bronce. Trad. Por M. Quesada y G. Granizo. Journal of European Archaeology 3 (1): 105- 144.

Trigger, B.

1992   Historia del pensamiento arqueológico. Trad. Por I. García Trócoli. Editorial Crítica, Barcelona.

Ziobrowski, C., E. Cabanillas, T. Palacios y L. R. González

1996   Estudio de aleaciones cobre-arsénico. Boletín Museo del Oro N° 41.

APÉNDICE 1

Informe técnico realizado por el Ing. Adrián Pifferetti de los análisis metalográficos ejecutados por la Ing. Liliana Nosei a tres fragmentos de objeto de los sitios arqueológicos Piedras Blancas y Martínez 1. Los análisis se realizaron en el Instituto de Mecánica Aplicada y Estructuras (IMAE) de la Facultad de Ciencias Exactas, Ingeniería y Agrimensura de la Universidad Nacional de Rosario. 07/ 02/ 2005.

Objeto N° 102- Sitio Piedras Blancas-Montículo.

Observación visual:

La superficie presenta una pátina oscura, recubierta a su vez por un 50 % de una capa más gruesa e irregular de color verde oscuro la que tiende a desprenderse. Aproximadamente a mitad de la longitud cambia de dirección.

Estudio macrográfico:

Observada con microscopio estereoscópico a

10 x y 20 x se aprecia una pátina verdosa por encima de la cual presenta un recubrimiento oscuro irregular entremezclado con partículas de tierra y arena. En él se ven algunos puntos brillantes que parecen de mica y algunas partículas de cuarzo blanco. Uno de los extremos se va afinando (Fot. 1, 10 x) mientras que el otro presenta una rotura perpendicular al eje de la pieza. La pátina verdosa que recubre la superficie de fractura indica que la rotura no es

Foto 2 (10 X)

Foto 1 (10 X)

Foto 3 (10 X)

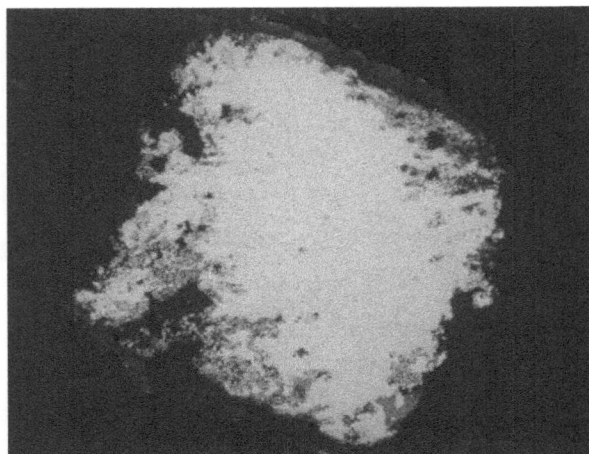

Fot. 4 (50 X)

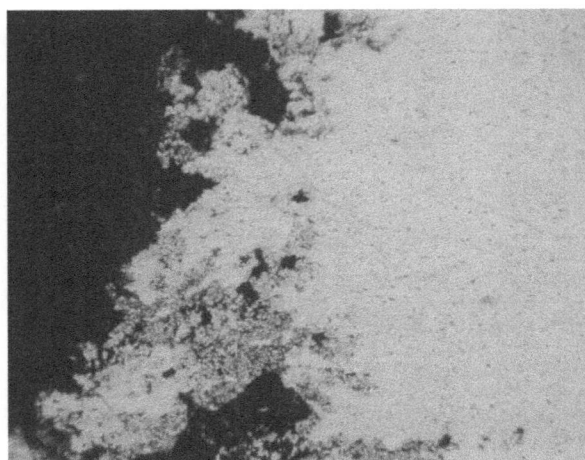

(Fot. 5 (100 X)

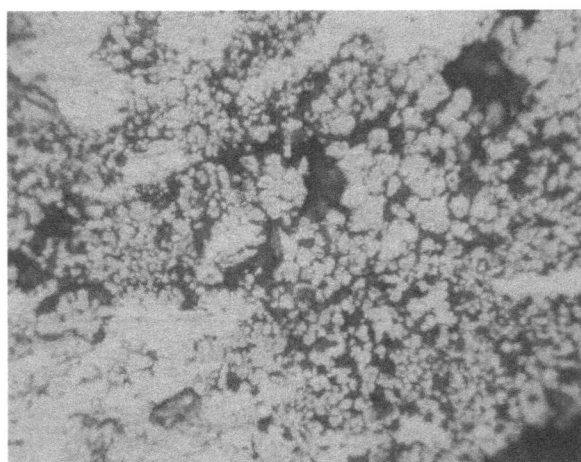

Fot. 6 (400 X)

Fot 7 (50 X)

muy antigua pero tampoco muy reciente (Fot. 2, 10 x) En la zona de cambio de dirección se observa una fisura (Fot. 3, 10 x).

La fotografía 1 muestra la zona de la punta de menor diámetro permitiendo apreciar la presencia de partículas de cuarzo y un área de color verde claro que indica un proceso de corrosión activa de cobre. La fotografía 2 corresponde al extremo opuesto con la superficie de fractura.

En la fotografía 3 (cambio de dirección) se ve la fractura parcial de la sección. Nótese que en todas las fotografías existen zonas de coloración verde clara, donde hay presentes procesos de corrosión activos.

Estudio micrográfico

La sección en un corte transversal, es decir perpendicular al eje de la pieza, permite observar que la sección original de la muestra

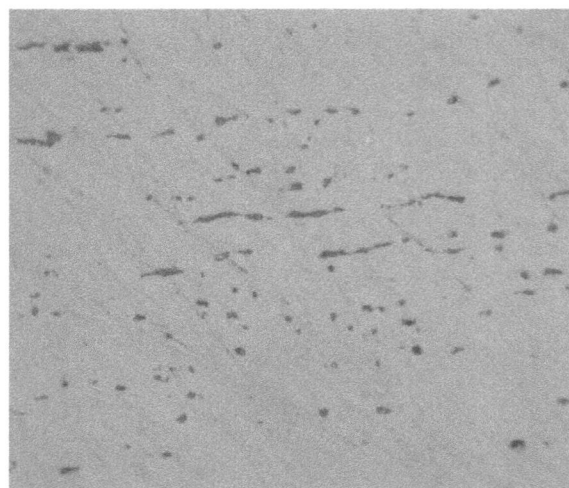

Fot 8 (400 X)

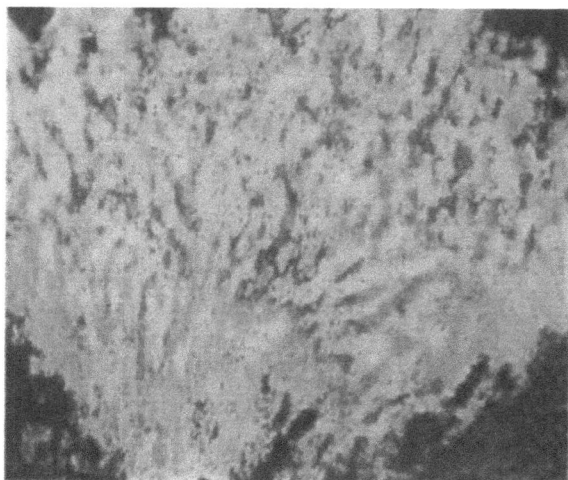

Fot 9 (100 X)

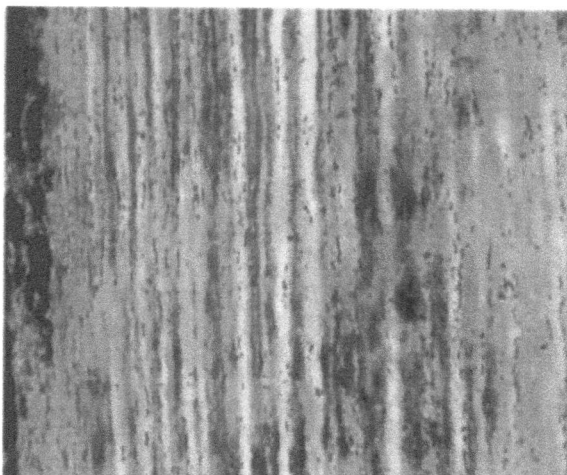

Fot 10 (100 X)

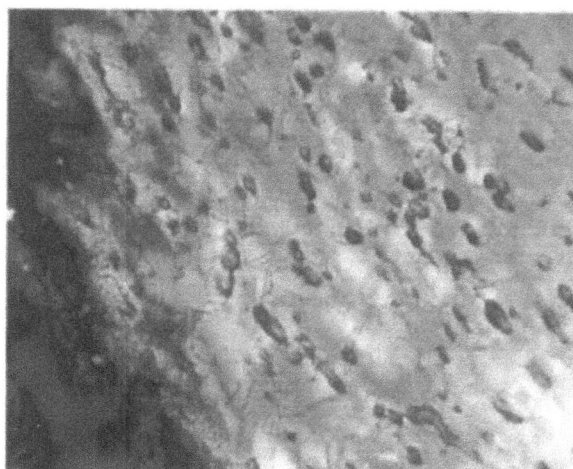

Fot.11 (400 X)

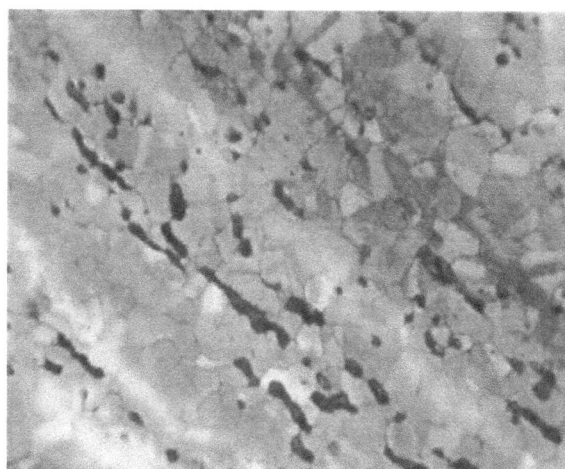

Fot. 12 (400 X).

presenta un aspecto cuadrangular (Fot. 4, 50x). Las inclusiones son pequeñas, redondeadas y distribuidas uniformemente (Fot. 5, 100 x). El proceso corrosivo iniciado en la superficie de algunas áreas ha penetrado profundamente con un ataque intergranular que provoca un marcado desgranamiento (Fot. 6, 400 x)

La sección longitudinal muestra una morfología más direccional con inclusiones alargadas en el sentido de la deformación (Fot. 7, 50 x). Estas inclusiones son fins e irregulares (Fot. 8, 400 x).

Atacada la muestra con cloruro férrico amoniacal, en la sección transversal el ataque diferencial muestra vestigios de la estructura dendrítica primitiva, lo que indica un menor grado de deformación (Fot. 9, 100 x). Se observa en la sección longitudinal una estructura muy bandeada, es decir, presenta

Fot. 1 (10 X)

Fot. 2 (10 X)

Fot. 3 (20 X)

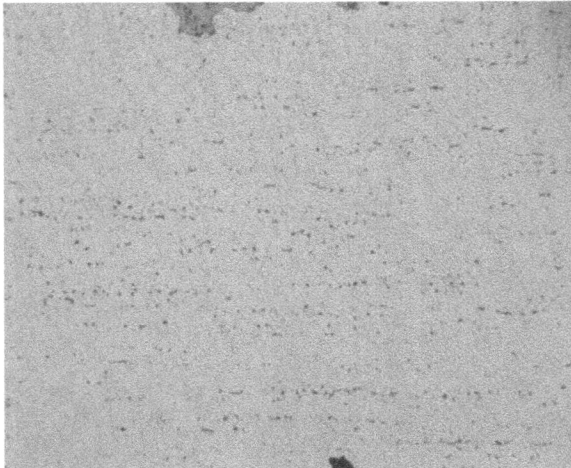

Foto. 4 (100 X)

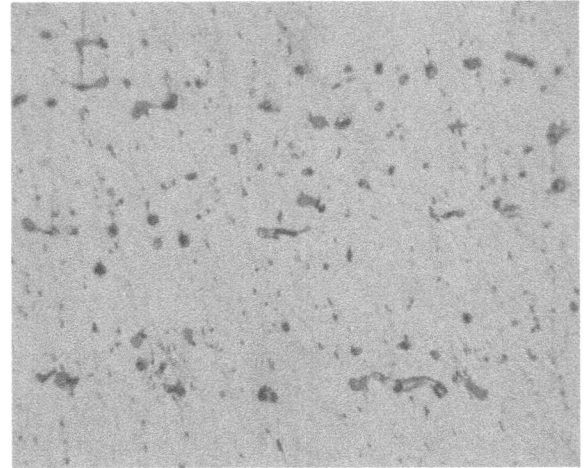

Fot. 5 (400 X)

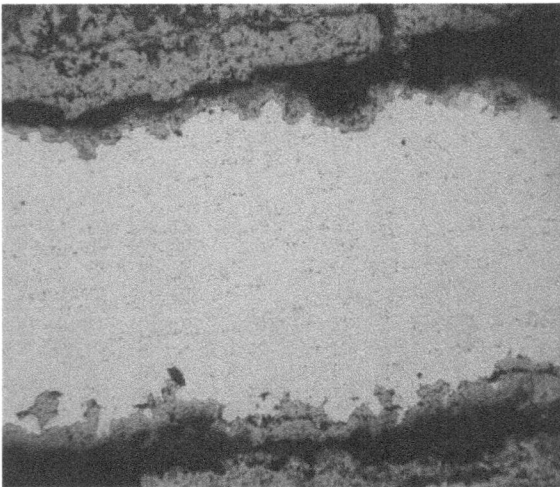

Fot 6. (50 X)

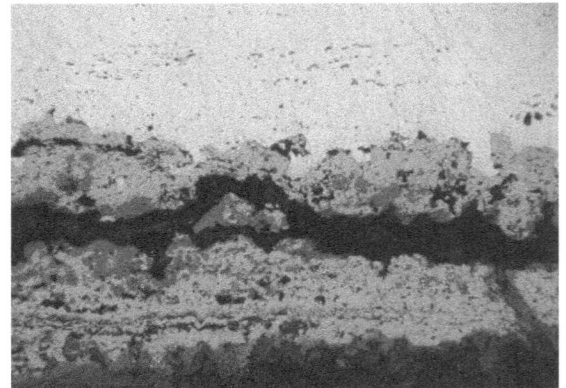

Fot. 7 (100 X)

un ataque preferencial en bandas a lo largo de la dirección de mayor deformación (Fot. 10, 100 x).

La sección transversal muestra una estructura recristalizada de grano fino con maclas y bandas de deslizamiento que denotan deformación

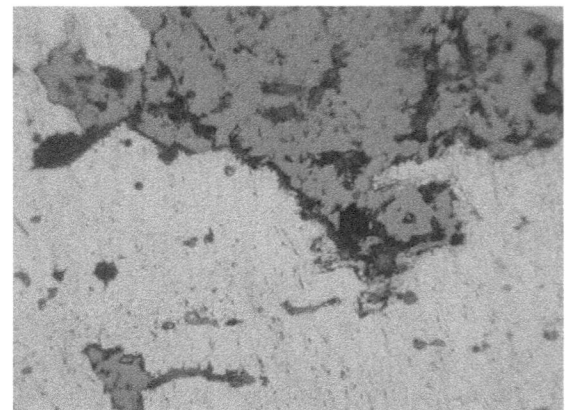

Fot. 8 (400 X)

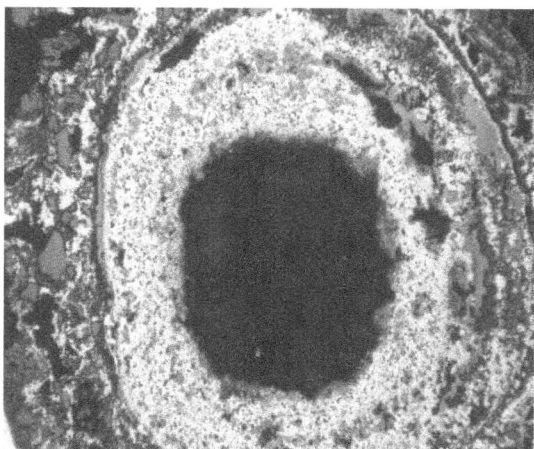

Fot. 9 (50 X)

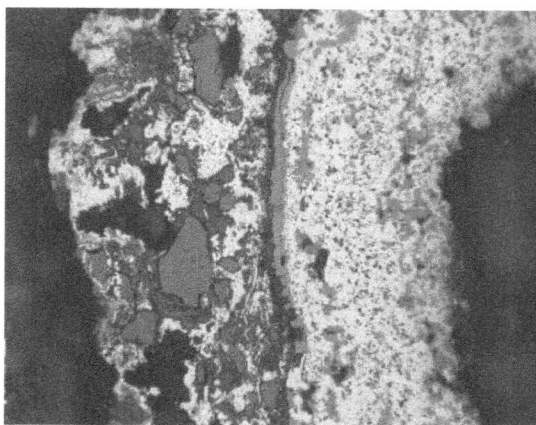

Fot. 10 (100 X)

Fot. 11 (400 X)

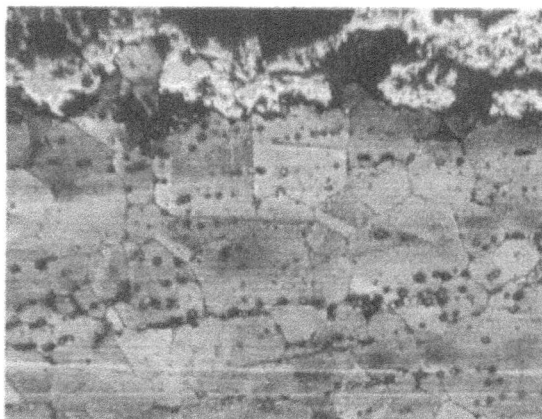

Fot 12 (400 X)

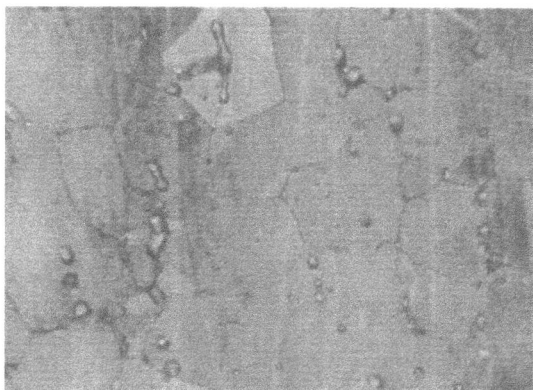

Fot. 13 (400 X)

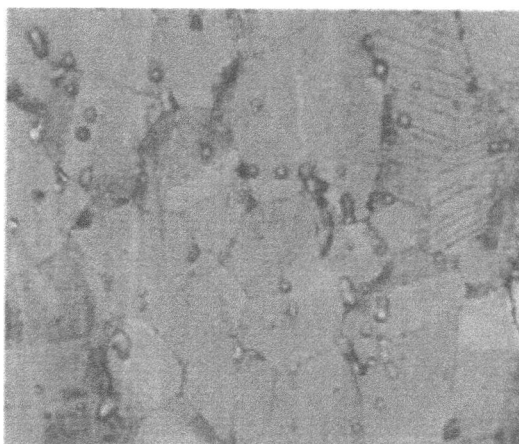

Fot. 14 (400 X)

plástica seguida de un tratamiento térmico de recristalización. La estructura en bandas es irregular y las inclusiones son redondeadas y preferentemente intergranulares (Fot. 11, 400 x).

En la sección longitudinal también se ve una estructura recristalizada de granos poligonales de pequeño tamaño con maclas y bandas de

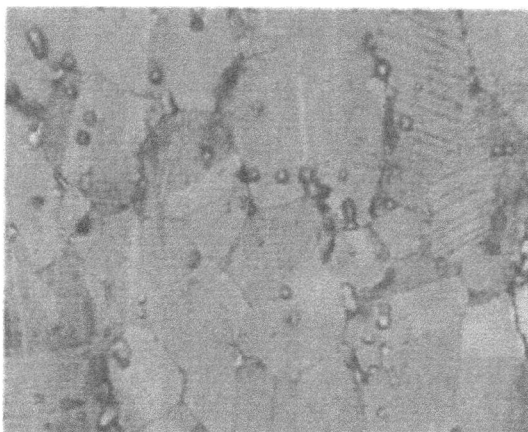

Fot. 15 (400 X)

G. Espósito

deslizamiento. La estructura bandeada sigue la dirección de deformación preferencial y las inclusiones alargadas y redondeadas son abundantes

(Fot. 12, 400 X)

Objeto N° 103- Sitio Piedras Blancas-Montículo.

Observación visual

La superficie se presenta similar a la anterior, aunque la capa de recubrimiento es m´s oscura y con zonas puntuales de color verde. También muestra una zona central de curva más acentuada que la muestra anterior.

Fot. 1 (10 X)

Fot. 2 (10 X)

Fot. 3 (10 X)

Estudio macrográfico

Presenta un aspecto general similar a la muestra anterior, pero en algunas pequeñas áreas lo productos de corrosión verdosos se ven recubiertos o entremezclados con un producto de coloración rojiza. En el extremo de mayor diámetro se observa un pequeño orificio circular. También se ve alguna partícula de cuarzo (Fot. 1, 10 x).

La fotografía 2 (10 x) muestra la punta con su recubrimiento y la fotografía 3 (20 x) la curvatura y pliegue con una fisura que involucra a buena parte del espesor. Puede observarse la presencia de partículas de cuarzo de distinto tamaño integradas en la capa de revestimiento.

La sección en un corte longitudinal muestra la presencia de abundante cantidad de inclusiones preferentemente alargadas en el sentido de máxima deformación plástica (Fot. 4, 100 x). Estas inclusiones son abundantes y están distribuidas por todo el espesor presentando una morfología irregular, predominando las alargadas (Fot. 5, 400 x).

La superficie se presenta corroída con un avance localizado en forma de pequeñas

84

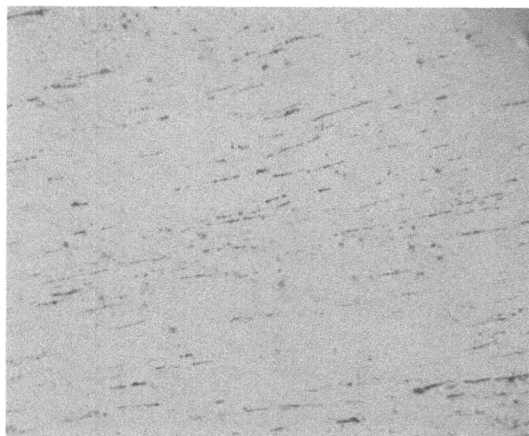

Fot. 4 (100 X)

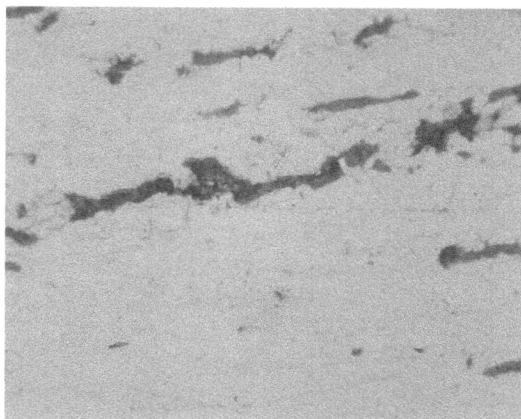

Fot. 5 (50 X)

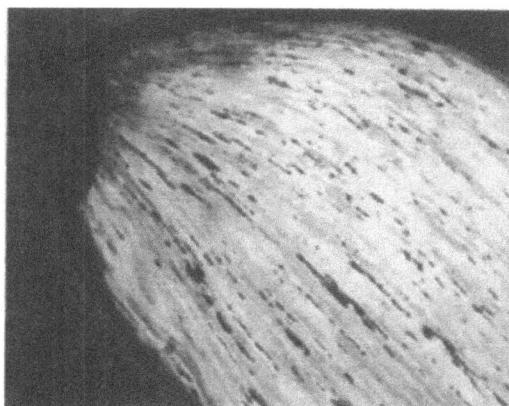

Fot. 6 (50 X)

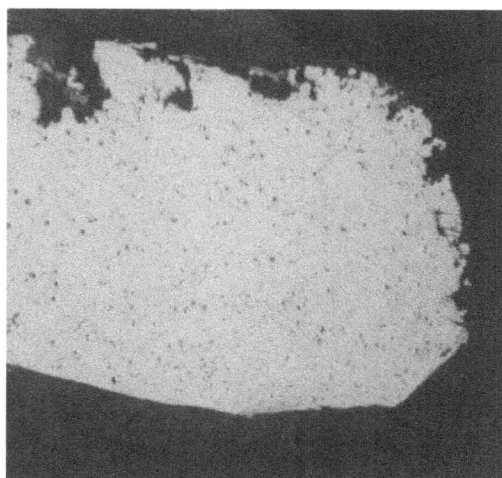

Fot. 7 (50 X)

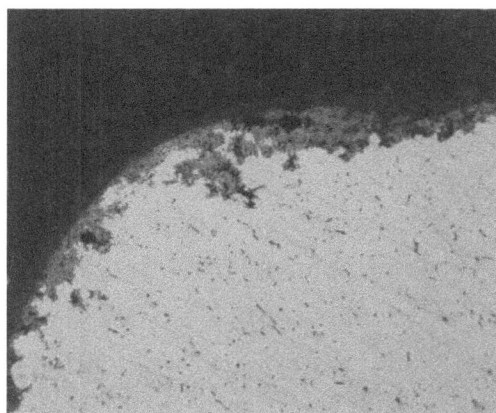

Fot. 8 (100 X)

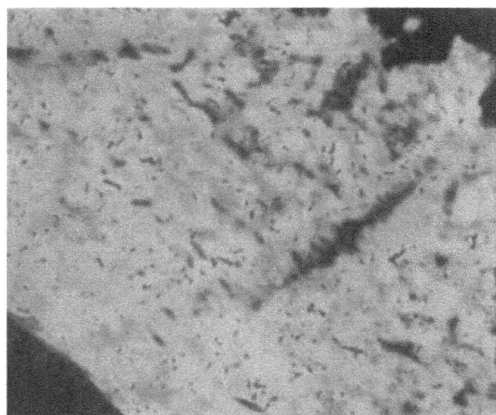

Fot. 9 (100 X)

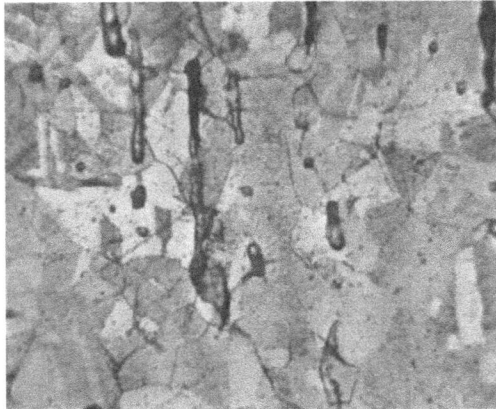

Fot. 10 (400 X)

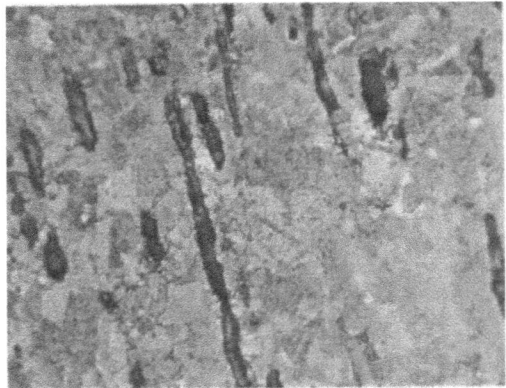

Fot. 11 (400 X)

pústulas y recubierta de productos de reacción (Fot. 6, 50 x). La fotografía 7 (100 x) permite apreciar la presencia de granos metálicos en el interior de estos productos de corrosión, mientras que la fotografía 8 (400 x) muestra zonas que parecen enriquecidas en cobre en un proceso de dealeado similar al de la descincificación de los latones.

La sección transversal en el extremo muestra un orificio subcuadrangular y una corona de material mineralizado sin que se alcance a distinguir estructura metálica (Fot. 9, 50 x). Sobre esta corona de metal mineralizado se observa la capa de concreciones de recubrimiento y como interfase ente ambas una pequeña capa bien definida de productos de corrosión (Fot. 10, 100 x). En la zona más interna de la corona hay algunas pequeñas partículas brillantes de metal pero cuya estructura no alcanza a distinguirse (Fot. 11, 400 x).

Atacada con cloruro férrico amoniacal la sección longitudinal se presenta bandeada y recubierta por productos de corrosión blanco grisáceos que avanzan hacia el interior envolviendo pequeñas partículas metálicas

(Fot. 12, 400 x). Presenta una estructura muy fina de granos equiaxiales irregulares recristalizados con numerosas inclusiones alargadas preferentemente intergranulares e inclusiones redondeadas inter y transgranulares (Fot. 13, 400 x). La deformación plástica y el calentamiento posterior para regenerar la estructura han originado notables maclas y bandas de deslizamiento (Fot. 14, 400 x).

En la sección transversal el material fue desbastado un par de milímetros hasta encontrar la matriz metálica (Fot. 15, 400 x). Puede observarse la presencia de una estructura recristalizada de granos poligonales con inclusiones redondeadas preferentemente intergranulares.

Pensamos que el diámetro original de la pieza es el exterior de la corona mineralizada, ya que el metal original, al reaccionar totalmente con el medio ambiente y desaparecer dejó en su lugar el hueco u orificio central y la corona meteorizada sobre la cual encontramos el recubrimiento de concreciones calcáreas y silíceas.

Objeto N° 2- Sitio Martínez 1.

Observación visual

Presenta un recubrimiento marrón oscuro uniforme, salvo en algunas zonas en que se hace irregular y adquiere mayor espesor. En la región central se observa una coloración verde clara de aspecto pulverulento que parece indicar un proceso corrosivo activo.

Estudio macrográfico

Se presenta recubierta por una capa verde oscura por debajo de la cual se alcanzan a ver en algunas zonas pátinas verdosas de tonalidad variable (Fot. 1, 10 x).

La punta se observa bien conformada (Fot 2, 10 x) mientras que la fotografía 3 (10 x) permite apreciar la zona central con un marcado proceso corrosivo activo, también visible en regiones puntuales de las otras fotos.

Estudio micrográfico

La sección en un corte longitudinal en la zona opuesta a la punta antes del ataque muestra numerosas inclusiones alargadas y redondeadas (Fot. 4, 100 x). Estas inclusiones presentan morfología irregular y presumiblemente frágiles ya que en algunos puntos se observa que han sufrido roturas y pérdidas de material durante el proceso de pulido (Fot. 5, 400 x).

En la punta la distribución y forma de las inclusiones es similar pero el patrón de fibrado, es decir, la deformación y concentración de dichas inclusiones indica que la misma se obtuvo por deformación plástica del material y no por corte (Fot. 6, 50 x)

La sección en un corte transversal, muestra que las numerosas inclusiones son redondeadas. Esto es índice de que se ha producido una marcada deformación plástica longitudinal pero muy poca transversal (Fot. 7, 50 x). Aquí puede verse un marcado ataque superficial con pérdida de material, mientras que en otras zonas hay, además, formación de productos de corrosión (Fot. 8, 100 x).

Al atacarse parcialmente la superficie transversal se observan restos de la estructura dendrítica de colada original del material, lo que es otro indicador de la poca deformación sufrida en esa sección (Fot. 9, 100 x).

Al atacarse la superficie con cloruro férrico amoniacal la sección transversal muestra una estructura bandeada (con irregular distribución de inclusiones alargadas en la dirección de deformación preferencial) con granos equiaxiales muy pequeños e irregulares y la presencia de maclas y bandas de deslizamiento como producto de la recristalización (Fot. 10, 400 x). La zona de la punta se presenta más bandeada, de granos equiaxiales pequeños e inclusiones irregulares de tipo preferentemente redondeado. Acá también se ven evidencias de la estructura dendrítica primitiva.

APÉNDICE 2

Tabla de los objetos de metal provenientes del Valle de Ambato a los que se les realizaron análisis de composición química.

Sitio	Objeto	N°	Cu	As
IdI	Hacha	-	96,3	3,7
IdI	Instrumento (Espátula ?)	-	94,4	5,9
IdI	Objeto indeterminado	-	3,2	-
IdI	Placa Cuchillo	-	99	-
IdI	Aguja	-	99	-
IdI	Cuenta	-	92	8
IdI	Tubo	-	99	-
IdI	Pinza	-	97,9	2,1
M1	Cincel	2	99,18	-
M1	Cincel (F. de Rx)	4	98	1.4
M1	Cincel	8	90.15	5.02
M1M	Indeterminado (F. de Rx)	12a	94	5
M1M	Indeterminado (F. de Rx)	12b	94	5
M1	Pinza	20	96.43	0.34
M1	Cincel	36	97.8	2.16
M2	Cincel (F. de Rx)	85	96	3.1
M3	Cincel	60	94.06	2.8
M3	Cincel (F. de Rx)	83	96	3.7
M3	Cincel (F. de Rx)	84	95	4.2
M3	Anillo(F. De Rx)	86	96	3.6
M3	Pinza	89	98.5	-
M4	Cincel	3	97.3	0.98
M4	Cincel (F. de Rx)	19	96	3.1

South American Archaeology Series
Edited by Andrés D. Izeta
e-mail: androx71@gmail.com

No 1. Izeta, Andrés D. 2007 *Zooarqueología del sur de los valles Calchaquíes (Provincias de Catamarca y Tucumán, República Argentina): Análisis de conjuntos faunísticos del primer milenio A.D. (British Archaeological Reports, International Series* S1612) Oxford. ISBN 978 1 4073 0054 2.

No 2. Bugliani, María Fabiana 2008 *Consumo y representación en el sur de los valles Calchaquíes (Noroeste argentino): Los conjuntos cerámicos de las aldeas del primer milenio A.D. (British Archaeological Reports, International Series,* S1774) Oxford. ISBN 978 1 4073 0215 7.

No 3. Marconetto, María Bernarda 2008 *Recursos forestales y el proceso de diferenciación social en tiempos Prehispánicos en el Valle de Ambato, Catamarca, Argentina. (British Archaeological Reports, International Series* S1785) Oxford. ISBN 978 1 4073 0216 4.

No 4. López, Gabriel E. J. 2008 *Arqueología de Cazadores y Pastores en Tierras Altas: Ocupaciones humanas a lo largo del Holoceno en Pastos Grandes, Puna de Salta, Argentina.* (British Archaeological Reports, International Series S1854) Oxford. ISBN 978 1 4073 0231 7.

No 5. Alconini , Sonia (Ed) 2008 *El Inkario en los Valles del Sur Andino Boliviano: Los Yamparas entre la arqueología y etnohistoria* (British Archaeological Reports, International Series S1868) Oxford. ISBN 978 1 4073 0235 5.

No 6. Mariana Dantas & Germán G. Figueroa 2008 *Análisis tecnológico y funcional del registro cerámico del Valle de Salsacate y pampas de altura adyacentes (Provincia de Córdoba, República Argentina)* (British Archaeological Reports, International Series S1869) Oxford. ISBN 978 1 4073 0236 2.

No. 7. Inés Gordillo 2009 *El sitio ceremonial de La Rinconada: Organización socioespacial y religión en Ambato (Catamarca, Argentina)* (British Archaeological Reports, International Series S1985) Oxford. ISBN 978 1 4073 0459 5.

No. 8. Guillermina Espósito 2009 *De clasificaciones y categorizaciones: Los objetos de metal del valle de Ambato, Catamarca, Argentina (600-1200 d.C* (British Archaeological Reports, International Series 2014) Oxford. ISBN 978 1 4073 0464 9.

Distributors:

Hadrian Books Ltd, 122 Banbury Road, Oxford OX2 7BP, England

Telephone: (0)1865 310431 : Fax: (0)1865 316916 : Email: bar@hadrianbooks.co.uk
Website: www.hadrianbooks.co.uk

www.ingramcontent.com/pod-product-compliance
Lightning Source LLC
Chambersburg PA
CBHW051304270326
41926CB00030B/4714